essentials

essentials liefern aktuelles Wissen in konzentrierter Form. Die Essenz dessen, worauf es als „State-of-the-Art" in der gegenwärtigen Fachdiskussion oder in der Praxis ankommt. *essentials* informieren schnell, unkompliziert und verständlich

- als Einführung in ein aktuelles Thema aus Ihrem Fachgebiet
- als Einstieg in ein für Sie noch unbekanntes Themenfeld
- als Einblick, um zum Thema mitreden zu können

Die Bücher in elektronischer und gedruckter Form bringen das Expertenwissen von Springer-Fachautoren kompakt zur Darstellung. Sie sind besonders für die Nutzung als eBook auf Tablet-PCs, eBook-Readern und Smartphones geeignet. *essentials:* Wissensbausteine aus den Wirtschafts-, Sozial- und Geisteswissenschaften, aus Technik und Naturwissenschaften sowie aus Medizin, Psychologie und Gesundheitsberufen. Von renommierten Autoren aller Springer-Verlagsmarken.

Weitere Bände in der Reihe http://www.springer.com/series/13088

Henner Knabenreich

Google for Jobs

Wie Google den Jobmarkt
revolutioniert und Sie im Recruiting
profitieren

Henner Knabenreich
personalmarketing2null
Wiesbaden, Deutschland

ISSN 2197-6708   ISSN 2197-6716   (electronic)
essentials
ISBN 978-3-658-27332-3   ISBN 978-3-658-27333-0   (eBook)
https://doi.org/10.1007/978-3-658-27333-0

Die Deutsche Nationalbibliothek verzeichnet diese Publikation in der Deutschen Nationalbibliografie; detaillierte bibliografische Daten sind im Internet über http://dnb.d-nb.de abrufbar.

Springer Gabler

Springer Gabler ist ein Imprint der eingetragenen Gesellschaft Springer Fachmedien Wiesbaden GmbH und ist ein Teil von Springer Nature.
Die Anschrift der Gesellschaft ist: Abraham-Lincoln-Str. 46, 65189 Wiesbaden, Germany

Was Sie in diesem *essential* finden können

- Einen kompakten Einstieg in das Thema Google for Jobs
- Den Status quo von Google for Jobs in Deutschland
- Handlungsempfehlungen für den richtigen Umgang mit Googles neuem Job-suchfeature
- Tipps und Tricks zur Optimierung

Inhaltsverzeichnis

Einleitung

1

Längst sind Stellenbörsen nicht mehr der einzige Online-Kanal, über den potenzielle Bewerber bei der Jobsuche auf potenzielle Arbeitgeber aufmerksam werden. Zunehmend ist auch Google erste Wahl, wenn es um die Jobsuche geht. Eigentlich naheliegend, ist doch „googeln" letztendlich die Lösung für alles (apropos googeln: Im Duden ist der Begriff erstmals in der 2004 veröffentlichten 23. Auflage des Duden aufgenommen worden. „Bingen" [also die Suche über Microsofts Suchmaschine Bing, nicht die schöne Stadt am Rhein] suchen Sie im Duden hingegen vergeblich). Nahezu 100 % aller mobil getätigten Suchanfragen entfallen auf Google, per Desktop sind es immerhin noch knapp 90 %. Ein Leben ohne Google, so scheint es, ist nicht mehr möglich. Und so sucht man via Google nicht nur nach Nachrichten, Rezepten, Urlaubsorten, Ärzten und Handwerkern, sondern auch nach Jobs. Bisher lief das so ab: Googelte man nach Stellenangeboten, etwa „Jobs im Marketing Bielefeld", so präsentierte Google einem in der Regel zunächst einmal die sogenannten Google Ads (also bezahlte Anzeigen) – überwiegend belegt von inserierenden Stellenbörsen, die um den Traffic jedes Nutzers kämpfen – und dann die organischen Suchergebnisse in Form von Linkvorschlägen. In der Regel ebenfalls gespeist aus Jobbörsen, denn die wenigsten Unternehmen haben bis dato erkannt, welch wichtigen Kanal Google fürs Recruiting darstellt und ihre Jobs respektive Karriere-Websites entsprechend suchmaschinenoptimiert (SEO).

Und egal, ob Google Ad oder organisches Suchergebnis – ein potenzieller Bewerber musste zunächst auf einen der angezeigten Links klicken, um auf diese Weise auf eine Seite mit Suchergebnissen innerhalb einer Stellenbörse (oder ggf. einer Karriere-Website) zu gelangen. Dort angekommen, konnte er die Job-Ergebnislisten nach einer passenden Stelle durchforsten. Um dann, wenn er sie denn ggf. gefunden hatte, auf den Bewerben-Button zu klicken.

© Springer Fachmedien Wiesbaden GmbH, ein Teil von Springer Nature 2019
H. Knabenreich, *Google for Jobs,* essentials,
https://doi.org/10.1007/978-3-658-27333-0_1

Wenn ich hier in der Vergangenheitsform schreibe, so hat das seine Gründe. Denn die oben beschriebene Weise, (via Google) nach Jobs zu suchen, ist seit Juni 2017 im Grunde Geschichte. An diesem die Recruiting-Welt revolutionierendem Datum feierte Googles „Google Job Search Experience", besser bekannt als Google for Jobs, in den USA Premiere. Nach dem Rollout in über 100 Ländern erfreuen sich seit 22. Mai 2019 auch in Deutschland Bewerber an einer Jobsuche und Recruiter an einer Reichweite für Arbeitgeber und einem „Stellenbesetzungsbeschleuniger", die es in dieser Form zuvor noch nie gegeben hat.

1.1   Die Bedeutung von Google für die Jobsuche

Laut Google nutzen über 70 % der Nutzer die Suchmaschine weltweit auch für die Jobsuche. Tendenz: Steigend. Allein in Deutschland nutzen gemäß einer Studie von Careerbuilder über 50 % der Befragten Google, um gezielt nach Jobs zu suchen [1]. Eine weitere Untersuchung geht noch etwas mehr ins Detail: Demnach nutzen 43,3 % der Befragten Google für die Jobsuche, 49,3 % für die Suche nach potenziellen Arbeitgebern und 64,7 % für die Suche nach weiteren Infos über den Arbeitgeber [2] – auch hier mit deutlich steigender Tendenz. Auch bei der Suche nach Ausbildungsstellen hat Google die Nase vorn. Bei Azubi-Bewerbern ist Google der am häufigsten genutzte Kanal: 84,3 % von ihnen nutzen gemäß Azubi-Recruiting Trends Google „sehr oft" oder „oft" zur Suche nach einem Ausbildungsplatz [3].

All diese Zahlen untermauern eindrucksvoll, dass Google für viele Menschen für die Stellensuche mittlerweile nahezu unverzichtbar ist. Und in der Folge, wie wichtig es ist, mit der eigenen Karriere-Website respektive seinen Stellenangeboten unter den Top-Suchergebnissen bei Google vertreten zu sein. Denn nur wer auch hier Präsenz zeigt, wird von potenziellen Bewerbern wahrgenommen bzw. kann auf diese Weise seine Bekanntheit stärken.

Dass viele Unternehmen trotz einer Vielzahl an ausgeschriebenen Jobs dennoch nicht via Google gefunden werden, kann verschiedene Ursachen haben. Ein Grund ist beispielsweise, dass sämtliche Stellen untereinander auf einer einzigen HTML-Seite ausgeschrieben werden. Für Google ist es unmöglich, hieraus einzelne Stellenangebote herauszupicken und sie im Rahmen einer Suchergebnisliste darzustellen. Wichtig ist es daher, je Position eine eigene HTML-Seite einzurichten, die über separate Webadressen aufrufbar sind und von Google indiziert werden können. Ein weiterer Grund ist in vielen Fällen das Einbetten der Jobs aus dem Bewerbermanagementsystem via Iframe. Das sieht in den meisten Fällen nicht nur unschön aus, es birgt vor allem die Problematik, dass die Informationen für Google und in der Folge auch für einen potenziellen Bewerber quasi unsichtbar sind (oder sagen wir: unsichtbar waren. Denn wenn die Jobs entsprechend aufbereitet sind – siehe Kap. 4 – dann ist es Google eigentlich ziemlich egal, ob die Jobs per Iframe eingebettet sind, oder nicht. Das ändert allerdings nichts an der Tatsache, dass das Ganze nicht nur unschön aussieht, sondern insbesondere auf dem Smartphone für eine weniger angenehme Nutzererfahrung sorgt). Und dann gibt es sogar Unternehmen, die Ihre Stellenanzeigen als Bild einbetten oder ihre Stellenausschreibungen ausschließlich als PDF oder Word-Dokument zur Verfügung stellen. Für Google sind sie damit nicht auffindbar – und in der Folge natürlich auch für potenzielle Bewerber.

Und genau diese Auffindbarkeit der Jobs, eine größtmögliche Transparenz über die im Netz veröffentlichten Stellenangebote: das ist es, was Bewerber wollen. Zu diesem Schluss kommt auch eine Studie des E-Recruiting-Software-Anbieters Softgarden [4]. Allein das in Deutschland schiere Über-Angebot an Jobbörsen sorgt dafür, dass potenzielle Bewerber schnell den Überblick verlieren und echte Markttransparenz nicht möglich ist. Abgesehen davon bereiten viele Jobbörsen bzw. Jobcrawler nur die Jobsuchergebnisse anderer Jobbörsen auf, sodass eine Vielzahl von Dubletten existiert. *„Es wäre gut, wenn es nur eine Plattform gäbe, wo alle Jobanzeigen sind, und nicht zig verschiedene. Das macht die Suche anstrengend"*, wird ein Teilnehmer der Softgarden-Studie zitiert. Den Schlüssel für eine bessere Auffindbarkeit der Stellenausschreibungen sehen viele Teilnehmer in der Art, wie Unternehmen sich selbst als Arbeitgeber und ihre Jobs vermarkten. Google hat bei einer großen Mehrheit der Befragten ein positives Bild als Jobsuchmaschine. Diese schätzen es sehr, dass sie dort alle für ihre Jobsuche relevanten Informationen schnell auffinden können.

Larry Page, einer der Gründer von Google, sagte einmal, dass die perfekte Suchmaschine ganz genau versteht, wonach ein Nutzer sucht, und genau die richtigen Ergebnisse liefert. Im Laufe der Jahre hat Google herausgefunden, dass vor allem möglichst schnelle Antworten auf die Suchanfragen der Wunsch der Nutzer ist. Aus diesem Grund schraubt der Datenkrake aus Mountain View kontinuierlich an seinen Algorithmen, um ein bestmögliches Sucherlebnis zu gewähren und seinen Nutzern so schnell wie möglich die relevantesten Antworten auf die gestellte Suchanfrage im bestpassendsten Format zu bieten. Logisch, dass Google sich irgendwann auch die Stellenangebote vornehmen würde. Schon im September 2011 schrieb Marcus Tandler in seinem Artikel „Der Endgegner" wie solch ein Szenario aussehen könnte [5].

„Auf jeden Fall kann Google so eine sehr effiziente und userfreundliche Suche anbieten – wer braucht da noch Online-Jobbörsen? Klar, die mögen exklusive Kunden haben, aber wohl fast jedes Unternehmen schreibt ja seine offenen Stellenangebote auf der eigenen Unternehmenswebseite aus, was diese somit sowieso schon für Google auffindbar machen. […] Wenn eine derartige Suchlogik dann entsprechend prominent auf der Suchergebnisseite angeteasert wird, werden wohl nur noch die wenigsten User auf das organische Suchergebnis einer Online-Jobbörse klicken (wieso auch?).“

Sechs Jahre sollte es noch dauern, bis seine Vision Realität – und der Wunsch der Jobsuchenden erhört würde.

1.2   Die erste Stufe: Die Cloud Jobs API

Als im November 2016 der Suchmaschinen- und Datensammel-Gigant Google seine „Cloud Jobs API" vorstellte, hatten wohl nur die wenigsten eine Ahnung davon, was da auf uns zurollt. Sowohl auf Bewerber als auch auf Jobbörsen und Unternehmen. Denn mit dieser Programmierschnittstelle (API steht für „Application Programming Interface") wollte Google nicht mehr und nicht weniger, als die Jobsuche revolutionieren. Und, mal Hand aufs Herz – egal ob Sie nun jemand sind, der auf der Suche nach Mitarbeitern ist (aka Recruiter) oder auf der Suche nach einem Job – die Stellensuche als solche ist stark verbesserungsbedürftig. Und ich meine jetzt nicht die Inhalte und die Gestaltung der Stellenanzeigen selbst, die oftmals noch aus der Steinzeit der Stellenanzeigenerstellung entlehnt zu sein scheinen. Ich meine die Suche nach Stellenanzeigen in einer schier unüberschaubaren Menge an Jobbörsen respektive Karriere-Websites der Unternehmen. Wie sollen die in über 1200 Jobbörsen veröffentlichten Abermillionen Stellenanzeigen (die genaue Zahl der Stellenbörsen kennt in Deutschland keiner so genau, auch steckt sehr viel Bewegung im Jobbörsenmarkt: wenn eine Jobbörse das Licht der Welt erblickt, schließt die andere die Pforten), die darüber hinaus in vielen Fällen mit Stellentiteln bezeichnet sind, die in Unternehmen Gültigkeit haben mögen, aber nach denen kein Bewerber je suchen würde, je zu potenziellen Bewerbern finden? Zumal viele dieser Jobs nichts anderes sind als Duplikate, die in irgendeiner originären Stellenbörse (etwa auf der Karriere-Website eines Unternehmens) ausgeschrieben und dann von einer Vielzahl an Jobcrawlern aufgesaugt werden. Langer Rede, kurzer Sinn: Eine Stelle zu finden, gleicht oftmals der Suche nach der berühmten Nadel im Heuhaufen. Transparenz? Gibt's nicht. Dafür Job-Dubletten in Hülle und Fülle. Stellentitel und Stellenanzeigen mit Inhalten zum Davonlaufen ebenso.

In der Folge dieses hausgemachten Problems tun sich Unternehmen schon seit längerer Zeit auf vielen Arbeitsmärkten dieser Welt schwer, die passenden Bewerber zu finden (und Bewerber die passenden Jobs). Auch Google hat diese Problematik erkannt und als eines der Probleme die mangelnde Passung (neudeutsch: Matching) der Stellenanzeigen mit den Kandidatenprofilen ausgemacht. Ein mangelndes Matching, dessen Ursache im Wesentlichen auf austauschbare und in der Unternehmenssprache erstellte Stellenanzeigen sowie im Kontext der Aufgaben übertriebenen Anforderungen zurückzuführen ist. Oder, wie es seinerzeit bei der Einführung der auf Machine Learning basierenden Cloud Talent Solution (nach dem Motto Raider heißt jetzt Twix, wurde aus Cloud Jobs API die Cloud Talent Solution) auf Googles Website hieß: *„Job postings are often worded in industry- and company- specific jargon that job seekers don't search for"*.

Da es Googles bescheidener Anspruch ist, seinen Nutzern das beste Sucherlebnis und -ergebnis zu präsentieren, war das Ganze dem sympathischen Datensammler aus dem Silicon Valley natürlich ein Dorn im Auge. Und so beschäftigt sich bei Google ein ganzes Entwicklerteam mit nichts anderem, als an einer Lösung zu tüfteln, die die Jobsuche, so wie wir sie bisher kannten, signifikant verbessert und zu einem echten Gamechanger im Recruiting mutiert. Das natürlich nicht ganz uneigennützig, denn abgesehen davon, dass man dafür sorgen will, dass Unternehmen und Bewerber schneller und zueinander passender zusammenfinden, möchte man nebenbei natürlich auch noch eifrig viele weitere Daten sammeln. Das natürlich alles zum Wohle des Nutzers, der dann in Zukunft auch dann Jobs angezeigt bekommen wird, wenn er gar nicht aktiv auf Suche ist, aber aufgrund seines Such- und sonstigen Verhaltens (beispielsweise eine Zunahme an Suchanfragen zu Burn-out, Depressionen, Sinn des Lebens oder „was tun gegen unfähige Führungskräfte") ein klares Zeichen setzt, dass ein baldiger Jobwechsel mehr als angebracht ist.

Die Tatsache, dass an einem ganz gewöhnlichen Tag etwa auf der Jobbörse indeed.de durchschnittlich über 300.000 Jobtitel zu finden sind [6], spricht eine deutliche Sprache. Mehr Stellentitel, als es Berufe gibt – ein Bewerber muss erst einmal verstehen, dass es sich beispielsweise bei einem Referent Reservierung Spezial AVB/K um nichts anderes als einen Aktuar handelt. Ein Field Execution Specialist nicht in den Krieg, sondern in den Vertrieb zieht. Oder dass es sich bei einem Wildlife Control Operator um nichts anderes handelt, als einen Förster. Damit es eben nicht mehr zu einem solchen Mismatch kommt, setzt Google jetzt voll auf KI und Machine Learning. Dank Googles Recruiting-Stein der Weisen kann nun eine sehr intuitive Jobsuche geboten werden, die quasi das Geschwurbel der Personalabteilungen entziffert und dem Nutzer auch Ergebnisse anzeigt, nach denen er nicht gesucht hätte, weil er a) entweder nicht im Traum darauf gekommen wäre, dass ein Personaldisponent auch als Ressourcen Manager ausgeschrieben wird oder es sich beim HR in HR-Bearbeiter nicht um Human Resources, sondern tatsächlich um Handtuch-Rollen handelt und b) ihm gar nicht bewusst war, dass Unternehmen so viele unterschiedliche Synonyme verwenden. Wie soll ein Call Center Agent einen Job als Call Center Agent finden, wenn solche Stellen beispielsweise nur noch als Service Center Mitarbeiter ausgeschrieben werden, weil ja die Call Center Branche so einen schlechten Ruf habe. Wie soll ein Web-Entwickler wissen, dass er auch nach „Frontend-Guru" schauen sollte, um passende Jobs angezeigt zu bekommen? Dank Googles pfiffigen Algorithmenverbesserern ist all das nun möglich. Googles Cloud Talent Solution „lernt" und versteht, in welchem Kontext Berufsbezeichnungen bzw. Stellentitel und Anforderungsprofil stehen und wie das Ganze mit Stelleninhalt, Standort und der Berufserfahrung korrespondiert.

Einen kleinen Eindruck, was Googles Cloud Talent Solution alles vermag, verdeutlichen folgende Beispiele:

> **„Job enrichment"-Funktion:** Die Stelle wird automatisch um relevante Informationen, wie beispielsweise Adresse, Beschäftigungsart oder Benefits ergänzt.
>
> **Ausrichtung auf Berufserfahrung:** Es werden nur der Berufserfahrung entsprechende Stellen ausgegeben.
>
> **Rechtschreibung:** Google erkennt und korrigiert automatisch Rechtschreibfehler, selbst wenn die Suchbegriffe Fachjargon, Jobtitel oder Akronyme sind. So wird sichergestellt, dass alle relevanten Jobs ausgegeben werden. Google versteht also beispielsweise, dass wenn ich „Sachbarbeiter" tippe eigentlich einen „Sachbearbeiter" meine.
>
> **Erkennung von Abkürzungen oder Firmenjargon:** Google erkennt, was es mit der Abkürzung auf sich hat. Etwa, dass es sich bei Biz. Dev., nicht um die R'n'B-Combo Bell Biz Devoe, sondern um Business Development, bei HR nicht um Handtuchrollen, sondern um Human Resources respektive Relations handelt und mit ZFA eine Zahnmedizinische Fachangestellte gemeint ist. In der Folge zeigt Google dann zu diesen Abkürzungen passende Jobs an.
>
> **Suchbegriff:** Google erkennt, wenn eine Suchabfrage mehrere Interpretationen und Variationen, die mit dem Suchbegriff übereinstimmen, zulässt und zeigt nur die passenden Ergebnisse an. Wenn also etwa „Drucker" gesucht wird, so versteht Google, dass es sich um eine Stelle als Drucker handelt, und nicht um das entsprechende

Gerät, das möglicherweise irgendwo in der Aufgabenbeschreibung auftaucht.

Suche in Abhängigkeit vom Arbeitsweg: Google ermöglicht eine Abfrage nach Stellen mit einem maximalen Umkreis von 2 km vom eigenen Standort (Zuhause), inklusive des angezeigten Fahrtwegs via PKW, zu Fuß oder per Fahrrad (insbesondere bei der Suche via Smartphone ist das relevant).

Erkennung von Stellenbezeichnungen: Google erkennt auch Synonyme zu Berufsbezeichnungen, etwa, dass mit einer MTA eine Medizinisch-Technische Assistentin gemeint ist oder jemand der nach Krankenschwester sucht, auch Ergebnisse für Gesundheits- und Krankenpfleger angezeigt bekommt. Eine Suche nach „DevOps" spuckt beispielsweise auch Ergebnisse für Software-Ingenieur oder System-Administrator aus (oder umgekehrt), eine Suche nach Webentwickler auch Frontendentwickler, Softwareentwickler oder Frontend Developer.

Was Googles Talent Solution noch alles zu leisten vermag finden Sie auf der Website https://cloud.google.com/solutions/talent-solution/.

All diese Beispiele zeigen, dass das Unternehmen, welches die besten Suchergebnisse und -erlebnisse für sich reklamiert, auch vor der Jobsuche nicht haltmacht und eine Qualität an Ergebnissen bieten kann, die in der Form bisher nicht möglich waren. Übrigens kann jedes Unternehmen von der Cloud Talent Solution profitieren, wenn es denn möchte. Google stellt diese nämlich gerne zur Verfügung (bei bis zu 10.000 Abfragen je Monat ist das Ganze sogar kostenfrei). Alles in allem war es also nur logisch und konsequent, dass Google im Mai 2017 auf seiner Entwicklerkonferenz I/O 2107 stolz „Google for Jobs" präsentierte. Eine Jobsuche innerhalb von Google, die genau auf der oben beschriebenen Technologie basiert. Gestartet ist das Ganze dann im Juni 2017 in den USA, wurde sukzessive in mittlerweile über 120 Ländern und einer Vielzahl an Sprachen über den gesamten Globus ausgerollt, war seit Mitte März 2019 zunächst mit einem Testlauf und ist seit dem 22. Mail 2019 offiziell als drittes westeuropäisches Land (nach UK und Spanien) auch in Deutschland verfügbar.

Eine Annäherung an Google for Jobs 2

Wie wir bereits gelesen haben (und am eigenen Leib immer wieder erfahren), schraubt Google kontinuierlich an seinen Algorithmen, um Nutzern ein bestmögliches Sucherlebnis zu gewähren. So schnell wie möglich, so relevant wie möglich, das Ganze im bestpassendsten Format: das ist Googles Anspruch an das perfekte Suchergebnis. Und so freuen wir uns, wenn wir beispielsweise „Wetter Wiesbaden" eingeben und nicht eine Liste von Suchergebnissen mit Links zu Websites über das Thema Wetter, sondern eine konkrete Wettervorhersage für unseren Standort erhalten (s. Abb. 2.1). Ähnliches gilt für Wegbeschreibungen, etwa wenn Sie nach dem „Weg zum Flughafen Frankfurt" suchen, im Idealfall eine Karte mit der Wegbeschreibung als Ergebnis erhalten – und nicht Links zu anderen Websites. Suchen Sie nach Flügen, dem aktuellen Kinoprogramm oder der Körpergröße von George Clooney (1,80 m), ist das im Grunde das Gleiche: Sie wollen nicht irgendwelche Links zu irgendwelchen Websites, wo Sie sich dann auf der Seite die entsprechenden Informationen heraussuchen müssen, sondern idealerweise direkt im Moment der Suchabfrage schnellstmöglich die Ergebnisse dort haben, wo Sie sich gerade befinden: Auf der Startseite von Google. Für genau dieses Sucherlebnis arbeiten bei Google Tausende von Entwicklern und Wissenschaftler an der Verfeinerung der Algorithmen und der Entwicklung nützlicher neuer Suchmethoden. Und in der Folge natürlich auch an einer Jobsuche, die so einfach und zielführend ist, wie nie zuvor.

© Springer Fachmedien Wiesbaden GmbH, ein Teil von Springer Nature 2019
H. Knabenreich, *Google for Jobs,* essentials,
https://doi.org/10.1007/978-3-658-27333-0_2

Abb. 2.1   Die Wettervorhersage direkt auf Googles Startseite – ein Beispiel für das perfekte Sucherlebnis, so wie es Larry Page definiert hat. Der Nutzer muss nicht erst andere
Seiten aufrufen, um die Antwort auf seine Suchanfrage zu erhalten, sondern bekommt sie
direkt innerhalb von Google. (Bildquelle: Screenshot Google LLC. Google und das Google-Logo sind eingetragene Marken von Google Inc., Verwendung mit Genehmigung)

2.1   Was ist Google for Jobs?

Entgegen landläufiger Meinungen handelt es sich bei Google for Jobs weder um
eine neue Stellenbörse noch um ein neues Google-Produkt. Google for Jobs ist im
Grunde nichts anderes als ein aufbereitetes Suchergebnis. Konkreter: Eine Integration von aus Jobbörsen und den Karriere-Websites der Unternehmen aggregier-
ten Stellenausschreibungen direkt auf der Startseite von Google. Google nennt
das Ganze „Enriched Search Result", also ein Suchergebnis, welches um verschiedene Daten angereichert und Ihnen auf Googles Startseite angezeigt wird.
Daher können Sie Googles Jobsuche auch nicht über eine eigene URL (sprich
Internetadresse) aufrufen.

Eine Stellenausschreibung mittels Button hochzuladen, ist bei Google for Jobs
ebenso wenig möglich, wie jemanden anzurufen, um Ihre Stellenanzeige durch-
zugeben, so wie Sie es von klassischen Stellenbörsen vielleicht gewöhnt sind.
Streng genommen gibt es das „Produkt" Google for Jobs nicht einmal. Auf der
dazugehörigen Microsite (für deren URL jobs.google.com im Übrigen die bis-
herige Jobseite für die Google-internen Jobs, also quasi Googles Karriere-Website, den Platz räumen musste), auf der die Jobsuche vorgestellt wird, ist nur die
Rede von „Job Search on Google", niemals von „Google for Jobs".

2.2   Wie sich die Jobsuche ändert

Bis Google for Jobs in Deutschland (oder anderswo) verfügbar war, lief die Jobsuche auf Google folgendermaßen ab: Nach Eingabe eines Suchbegriffes, etwa „Stellenangebote Pflegefachkraft Kochel" bekam der Nutzer eine Liste von Suchergebnissen, von denen die obersten Treffer zumeist aus (maximal vier) bezahlten Anzeigen („Google Ads") bestanden, gefolgt von einer Vielzahl von organischen Suchtreffern. Diese Suchtreffer wiederum bestanden überwiegend aus Links zu Jobs in Stellenbörsen (hin und wieder auch mal zu einer Karriere-Website), die den Nutzer dann in die Untiefen irgendeiner Stellenbörse führten, wo sich dann die eigentliche Suche und Bewerbung abspielte. Eine „Candidate Journey", die nicht wirklich viel Spaß machte und die von vielen Abbrüchen geprägt ist.

Dank Google for Jobs ist das nun anders. Alleine die Suchabfrage ist im Grunde eine andere, kann man sich den Ort doch in der Regel schenken. Google for Jobs funktioniert nämlich standort- bzw. IP-bezogen, sodass Google dies bereits in der Stellensuche berücksichtigt und priorisiert die Stellen anzeigt, die im Umkreis des Suchenden ausgeschrieben sind. So würden etwa, um beim obigen Beispiel zu bleiben, bei einer Abfrage nach Jobs als Pflegefachkraft dem Nutzer direkt passende Stellen an seinem Standort bzw. seiner Umgebung angezeigt werden. Unabhängig davon bleibt der Nutzer bei einer Suche während der ganzen Zeit auf Google.

Die Suchergebnisse werden dem Nutzer in Form einer blauen Box so omnipräsent angezeigt, dass kein Weg daran vorbei geht (s. Abb. 2.2 und 2.3). Zwar dominieren bei Google for Jobs ebenfalls im Kontext der Suchanfrage stehende Google Ads[1] (die findige Unternehmen bzw. Jobbörsen dort geschaltet haben, um Traffic zu generieren, bzw. Bewerber auf diesem Weg auf Vakanzen aufmerksam zu machen) die Ansicht. Dann aber offenbart sich ein neues Bild – und eine Besonderheit, die die Nutzer in Deutschland weltweit als erste zu sehen bekamen. Oberhalb der blauen Box finden die nämlich eine Navigationsleiste, wo sie unter der Überschrift „Stellenangebote suchen bei" aus einer Vielzahl an Jobbörsen wählen dürfen, die ihrer Suchanfrage entsprechende Stellen ausgeschrieben haben. Sogar indeed wird dort aufgelistet, neben StepStone und der Jobbörse der Bundesagentur für Arbeit übrigens die einzige große Jobbörse, die Google die Zusammenarbeit verwehrt. Wer könnte Google da noch gram sein? Schließlich,

---

[1]Vorausgesetzt natürlich, dass entsprechende Ads geschaltet wurden. Schließlich werden nicht zu jedem Keyword entsprechende Anzeigen geschaltet und so kann es durchaus sein, dass die blaue Box auch direkt ganz oben am Seitenrand klebt.

So lief die Jobsuche via Google bisher...

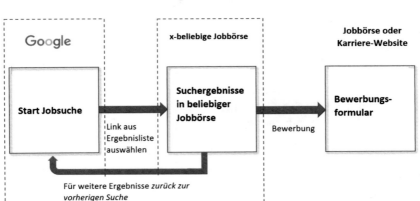

Abb. 2.2 So lief die Jobsuche mit Google bisher. Es waren mehrere Schritte und das Aufrufen mehrerer Seiten erforderlich, um zu relevanten Jobergebnissen zu gelangen. (Quelle: Eigene Darstellung)

so Googles Senior-Produktmanager für die Google-Suche Nick Zakrasek während der Pressekonferenz am 22. Mai 2019 in Berlin, möchte man dem Nutzer eine größtmögliche Auswahl an Quellen für seine Stellensuche ermöglichen und ihn nicht bevormunden, welches Portal man als besonders geeignet empfinden mag. Selbstverständlich verwehrt man sich auch niemandem. Wer seine Jobs via Google for Jobs einer breiten Masse sichtbar machen möchte, könne das gerne tun. Und so spielen ansonsten alle namhaften Jobbörsen bei Google for Jobs mit. Insbesondere über die Ergebnisse von XING, die als Partner von Google for Jobs Hauptlieferant der Stellen für den deutschen Markt sind (wird nur getoppt durch das Businessnetzwerk LinkedIn, das weltweit den größten Anteil der via Google for Jobs ausgelieferten Jobs darstellt) stolpert der Nutzer, aber auch die anderen üblichen Verdächtigen (Jobbörsen) tummeln sich dort. Die beteiligten Jobbörsen-Partner berichteten auf der Pressekonferenz stolz über signifikante Anstiege bei den Zugriffen auf ihre Website.

Unter diesen via Icon anklickbaren Jobbörsen findet der Nutzer dann das eigentliche Google for Jobs-Suchergebnis, eine „blaue Box", die eine erste Suchergebnisliste beinhaltet.

... und so läuft die Jobsuche mit Google for Jobs

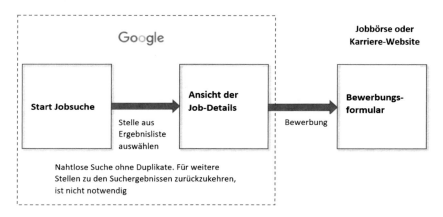

Abb. 2.3 Die Jobsuche mit Google for Jobs erspart viele zusätzliche Schritte. Der Nutzer bleibt dauerhaft auf Google und wird deutlich schneller und effizienter zu den Jobs gelotst. Erst um sich zu bewerben, verlässt der Nutzer Google und gelangt auf eine externe Seite bzw. das Bewerbungsformular. (Quelle: Eigene Darstellung)

Dass ein potenzieller Bewerber noch auf die unter dieser blauen Box folgenden organischen Ergebnisse klickt, dürfte relativ unwahrscheinlich sein. Welche Motivation hätte er, werden ihm doch alle für ihn relevanten Jobs fein übersichtlich in einer nie da gewesenen Transparenz mundgerecht serviert. Im Übrigen werden ihm Stellen sogar dann angezeigt, wenn gar nicht explizit nach Jobs gesucht wurde, Google dieses aber anhand bisheriger Suchmuster und auf Basis anderer Suchabfragen kontextabhängig als bestpassendes Suchergebnis vermutet. So liefert etwa eine Suche nach „Webentwickler Frankfurt" auch Stellenangebote, obwohl die Suchintention eigentlich eine ganz andere war, nämlich die nach einem Entwickler, der eine Website programmieren könnte (Abb. 2.4).

Auf diese Weise erreicht Google auch potenzielle Kandidaten, die gar nicht aktiv auf Jobsuche sind. Ein weiterer Grund, als Unternehmen die Potenziale von Google for Jobs zu nutzen.

Auch Abb. 2.5 zeigt: Jemand, der auf Jobsuche ist, kann gar nicht an der „blauen Box" mit den Stellenangeboten vorbei. Schon gar nicht, wenn er seine Jobsuche mobil startet (was, nur am Rande erwähnt, immer häufiger geschieht,

Abb. 2.4 Google zeigt Stellenangebote auch, wenn die Suchintention eigentlich eine andere war. Hier können also sogar Nutzer erreicht werden, die zwar gar nicht aktiv auf Jobsuche sind, aber womöglich offen für Veränderung. (Bildquelle: Screenshot Google LLC. Google und das Google-Logo sind eingetragene Marken von Google Inc., Verwendung mit Genehmigung)

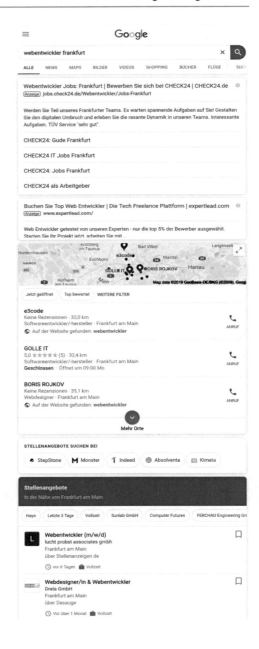

Abb. 2.5 Zwischen
Google Ads und
den organischen
Suchergebnissen findet
sich die blaue Google for
Jobs-Box. (Bildquelle:
Screenshot Google LLC.
Google und das Google-
Logo sind eingetragene
Marken von Google
Inc., Verwendung mit
Genehmigung)

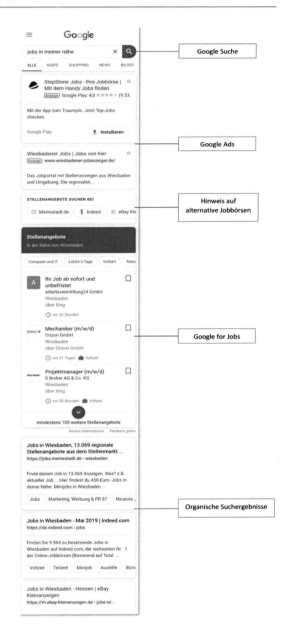

was wiederum logisch ist, weil immer mehr Menschen das Smartphone quasi als Lebensmittelpunkt betrachten). Dann dominiert dieses Feature nämlich den ganzen Bildschirm. Ein Blick auf die organischen Suchergebnisse darunter ist obsolet, denn ein Klick auf die Box oder eines der Stellenangebote öffnet die eigentliche Jobsuche und damit den Blick auf „mindestens x weitere Stellenangebote", wie Google verspricht.

Hier wiederum kann der Nutzer aus verschiedenen Suchergebnissen wählen und die Auswahl eingrenzen (s. dazu auch Kap. 3). Wohlgemerkt, das alles passiert innerhalb von Google, ohne auf die Seite einer externen Stellenbörse ausweichen zu müssen. Erst der Klick auf den Bewerben-Button führt einen Nutzer dann auf die entsprechende externe Website. Der Nutzer verbringt also deutlich mehr Zeit auf Google und kann seine gesamte Stellensuche dort durchführen. Ein klarer Gewinn in Sachen Nutzerfreundlichkeit, der auch für Unternehmen eine bessere Conversion ermöglicht.

2.3   Status quo Google for Jobs

Wirft man einen Blick auf die Studie Recruiting Trends 2019 [7] gewinnt man zunächst den Eindruck, deutsche Unternehmen seien ganz weit vorn in Sachen Google for Jobs. Allerdings haben erst 40 % der Personaler, so die Studienautoren, von Google for Jobs gehört. Bei den Kandidaten sieht es noch schlechter aus: Nur 15,8 % haben je etwas Googles Jobsuche gehört.

Umso verwunderlicher stimmt daher die Aussage, dass – obwohl Google for Jobs zum Zeitpunkt der Umfrage im Sommer 2018 noch gar nicht verfügbar war – dieses neue Feature als sehr gut bewertet wird. Das wiederum führt uns zur nächsten Frage: Wenn Google for Jobs doch als sehr gut beurteilt wird – warum wird es dann (trotz der langen Vorlaufzeit, das bitte ich im Blick zu behalten) bis dato (Juni 2019) kaum von den Unternehmen genutzt? Insbesondere von Unternehmen, wo man es qua ihrer Größe oder ihrer Personalbeschaffungsaktivitäten in globalen Märkten erwarten könnte? Deren Pflicht es wäre, Vorreiter zu sein? Abgesehen davon rekrutieren viele deutsche Unternehmen auch im Ausland, etwa in den USA, wo Google for Jobs bereits vor zwei Jahren gestartet ist. Dass es nach Deutschland kommen würde, war so klar wie nur irgendwas. Dass man nicht so lange abwartet, bis es dann tatsächlich auch hier ausgerollt wird, gehörte eigentlich den wichtigsten Hausaufgaben der rekrutierenden Unternehmen, die gerne den sogenannten Fachkräftemangel als Schuldigen dafür benennen, keine qualifizierten Mitarbeiter zu finden.

Wirft man beispielsweise einen Blick auf die Aktivitäten der DAX30-Konzerne, so stellt man schnell fest, dass man dort massive Potenziale verschenkt. Eine Blitzuntersuchung im Mai 2019 zeigt, dass über die Hälfte der Unternehmen (56 %) nicht auf Google for Jobs vorbereitet sind [8]. Auch bei den anderen 43 % herrscht alles andere als eitel Sonnenschein. So sind etwa bei sechs Unternehmen die Jobdaten fehlerhaft (wie beispielhaft in Abb. 2.6 gezeigt), hier fehlt beispielsweise das Veröffentlichungsdatum, der Unternehmensname, der komplette Standort oder sogar der Stellentitel. Bei sechs weiteren werden zwar keine Fehler angezeigt, allerdings werden auch hier nicht alle Datenfelder ordnungsgemäß gepflegt (s. dazu Kap. 4). Die am häufigsten von Google ausgesprochene Warnung betrifft, das dürfte wenig überraschen, die fehlende Gehaltsangabe. Klar, ist doch die Angabe des Gehalts oder auch der Gehaltsspanne ein absolutes Tabuthema in Deutschland. Dabei würden beide Seiten – sowohl Bewerber als auch Recruiter – massiv von mehr Gehaltstransparenz profitieren.

Würde Google seine strengen Regeln bezüglich der Aufbereitung der Jobs wirklich anwenden, wären also sechs weitere Unternehmen bei Google for Jobs außen vor. Glücklicherweise geht Google mit den Unternehmen (noch) nicht so hart ins Gericht, wie das auf der Website angekündigt wird: Wenn nämlich eine oder mehrere dieser Richtlinien verletzt werden, ergreift Google möglicherweise „manuelle Maßnahmen" (Google ergreift diesen Schritt, wenn „ein menschlicher Prüfer bei Google festgestellt hat, dass die Seiten auf der Website nicht den Qualitätsrichtlinien für Webmaster von Google entsprechen." [9]) (s. Abb. 2.7).

Das wiederum heißt, dass Ihre Stellen nicht angezeigt oder von der Google-Suche ausgeschlossen werden können. Und das wiederum bedeutet, dass Sie nach Behebung des Problems einen „Antrag auf erneute Überprüfung der Website" stellen dürfen. Laut Google dauert dies zwischen wenigen Tagen bis hin zu einer Woche oder zwei – fatal, wenn man bedenkt, wie wichtig Transparenz und Schnelligkeit im Recruiting heute sind. Nur ganz am Rande sei erwähnt, dass selbst Google bei seinen Stellenausschreibungen den eigenen Empfehlungen nicht folgt. So findet man beispielsweise in vielen Fällen keine vollständige Description, keinen konkreten Ansprechpartner oder auch keine Angaben zum Standort. Dass Google sich selbst nicht an die Empfehlungen bezüglich der Gehaltsangabe hält (s. dazu auch Kap. 3. bzw. Kap. 4), liegt laut Aussage von Nick Zakrasek übrigens daran, dass man als Konzern natürlich den Aufbau der Stellenanzeigen einheitlich gestalten wolle. Das gelte auch für die Gehaltsangabe. Seltsam nur, dass von dieser einheitlichen Aufbereitung global betrachtet nicht viel zu sehen ist. Unabhängig davon sollte Ihnen das Ganze nicht als Grund dienen, es genauso zu machen, wie Google. Seien Sie Vorbild, seien Sie transparent! Punkten Sie beim Bewerber!

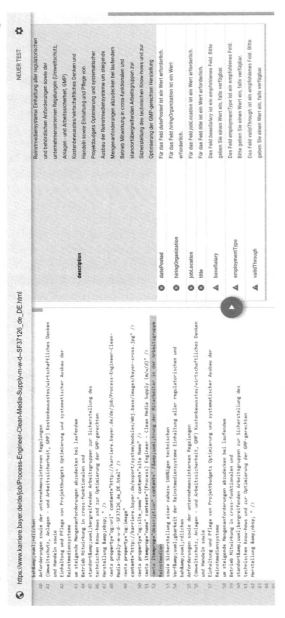

Abb. 2.6 Anhand des von Google unter https://search.google.com/structured-data/testing-tool bereitgestellten Testtools für strukturierte Daten lässt sich wunderbar nachvollziehen, ob die Stellenanzeige richtig aufbereitet wurde, oder nicht. Dass – wie in diesem Falle – der Stellentitel und die Bezeichnung des Unternehmens fehlt, ist allerdings mehr als ein Schönheitsfehler und führt in der Konsequenz dazu, dass die Stellen via Google vor Jobs nicht auffindbar sind. (Bildquelle: Screenshot Google LLC. Google und das Google-Logo sind eingetragene Marken von Google Inc., Verwendung mit Genehmigung)

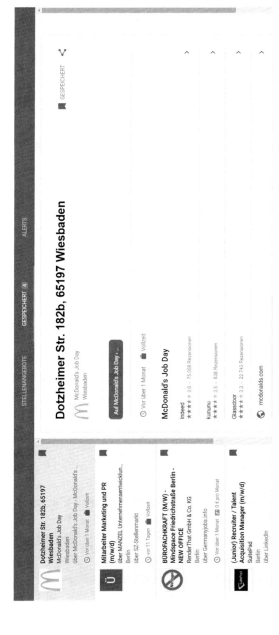

Abb. 2.7 Streng genommen wären solche Suchergebnisse nach Google Richtlinien nicht erlaubt (möglicherweise gewährt Google zum Start seiner Jobsuche, wir schreiben Ende Mai 2019, das Ganze ist noch in „Full Beta", Unternehmen eine Gnadenfrist). Hier fehlt sowohl der Stellentitel (Dotzheimer Str. 182 b, da werden Sie mir zustimmen, ist als Stellentitel wenig geeignet) als auch die komplette Stellenbeschreibung. Um was für eine Stelle es sich handelt, bleibt dem Nutzer also verborgen. Dumm nur, dass dem Unternehmen auf diese Weise Bewerbungen entgehen. (Bildquelle: Screenshot Google LLC. Google und das Google-Logo sind eingetragene Marken von Google Inc., Verwendung mit Genehmigung)

Tatsächlich glauben gemäß der o. g. Studie nur 20 % der Top-1000-Unternehmen, dass Google for Jobs einen sehr starken Einfluss auf die Personalgewinnung ihres Unternehmens haben werde. Und die restlichen 80 %? Schlafen den Dornröschenschlaf des ewig-gestrigen Recruiters: 80 % der Befragten „sehen derzeit nur einen geringen oder gar keinen Einfluss." Diese Ergebnisse stellen den Unternehmen kein besonders gutes Zeugnis aus und zeigen wieder einmal, wie es um die Technik-Affinität – respektive um die Ignoranz gegenüber Recruiting-Potenzialen – in deutschen Personalabteilungen bestellt ist. Das unterstreicht auch eine weitere Untersuchung: Um zu überprüfen, wie „Google-ready" der deutsche Mittelstand ist, untersuchte der auf Suchmaschinenoptimierung spezialisierte Anbieter Bloofusion 500 Websites von deutschen Mittelständlern. Das Ergebnis (in Anbetracht der Potenziale die Google fürs Recruiting bietet) ist verheerend. Demzufolge setzen nur 1,47 % der Unternehmen ein korrektes Jobposting-Markup (s. Kap. 4) um [10]. Alle anderen sind damit für potenzielle Bewerber unsichtbar!

Allerdings scheint es sich um ein globales Phänomen zu handeln. Auch bei den US-amerikanischen Unternehmen ist ganz viel Luft nach oben. So ermittelte etwa der auf Google for Jobs spezialisierte Dienstleister Jobiak, dass von den in den USA via Google for Jobs 2,5 Mio. ausgespielten Stellen nur 20 % direkt von den Karriere-Websites der Unternehmen stammen [11]. Auch in Japan, eins der letzten Länder, in denen Google for Jobs zuletzt vor Deutschland freigeschaltet wurde, dominieren neben Jobbörsen die Personaldienstleister das Bild, wie mir ein Brancheninsider berichtete.

Umso weniger verwundern dann auch die weiteren Erkenntnisse der Recruiting-Trends. Es wurde nämlich auch gefragt, wie gut die Unternehmen auf Google for Jobs vorbereitet sind. Demzufolge seien 30 % der Top-1000-Unternehmen gut aufgestellt. Zahlen, die erstaunen, zeigt doch ein Blick auf die Suchergebnisse bei Google und die o. g. Untersuchungen eindeutig das Gegenteil.

Und wie beurteilen die Unternehmen Chancen und Risiken von Google for Jobs? Auch diese Ergebnisse sind sehr aufschlussreich: So erwartet etwa mehr als ein Drittel der Unternehmen, dass sich dank Googles Jobsuche geeignete Kandidaten bewerben, die sich sonst nicht beworben hätten. Immerhin 40 % erwarten „Verbesserungen bei der Besetzung von offenen Stellen hinsichtlich der Schnelligkeit der Besetzung und der Einfachheit."

Der letzte Aspekt der Untersuchung offenbart allerdings, dass die Befragten scheinbar nicht wirklich eine Ahnung von dem hatten, wonach sie da befragt wurden: Nur 30 % „sehen Vorteile bei der Kosteneffizienz" – und das, obwohl Google for Jobs im Gegensatz zu Stellenbörsen absolut kostenlos ist (s. dazu das nachfolgende Kapitel). Nur 10 % sind der Meinung, dass dank Google for

Jobs offene Stellen passender besetzt werden können. Dabei sorgt doch Google for Jobs Herzstück, die in Abschn. 1.2 erwähnte Cloud Talent Solution, beispielsweise dafür, dass potenziellen Bewerbern, auch praxisfremde, am Bewerber vorbei gehende Stellentitel dennoch einer Suchanfrage richtig zugeordnet oder dass Jobs standortgerecht ausgespielt werden.

Besonders skurril wird es, wenn es heißt, dass die meisten Unternehmen als größtes Risiko die zusätzlichen Kosten sehen, die entstehen, wenn eine gute Platzierung der eigenen Stellenanzeigen bei Google for Jobs erreicht werden soll (73 %). Noch einmal: Google for Jobs ist kostenfrei. Investitionen sind maximal notwendig, um die Stellen einmal gemäß des neuen Datenschemas aufzubereiten. Aber das ist für einen Entwickler kein Hexenwerk. Ich gehe sogar soweit und sage, Sie müssen kein Entwickler sein (mehr dazu in Kap. 4). Und selbst wenn: diese Kosten machen einen Bruchteil der Kosten aus, die Sie bei einer Jobbörse Ihres Vertrauens zahlen. Und die Auffindbarkeit der Stellen richtet sich nach Vollständigkeit der Daten – und resultiert letztendlich aus den Filtern, die ein Jobsuchender setzt.

Schaut man sich die Studienergebnisse an, so dürfte ziemlich offensichtlich sein, dass die Einschätzungen weit neben der Realität liegen. Denn es liegt auf der Hand, dass Google for Jobs nicht ohne Folgen bleiben wird, was Sichtbarkeit, Reichweite, Bekanntheit, Traffic und Bewerbungen angeht. So verzeichnet etwa der britische HR-Dienstleister madgex kurz nach der Einführung von Google for Jobs in Großbritannien einen Anstieg der Zugriffe auf die Stellenanzeigen um 25 %, teilweise sogar deutlich mehr. Bei den Bewerbungen konnte ein durchschnittlicher Anstieg von 47 % und mehr verzeichnet werden [12]. Dank einer optimierten User Journey (der Nutzer gelangt schneller zu den Job-Resultaten bzw. zur Jobbeschreibung, ohne zusätzliche Klicks tätigen zu müssen) verbessert sich die Conversion massiv: Der Nutzer hat die Jobdetails bereits innerhalb von Google gelesen, die Wahrscheinlichkeit, dass er seine Bewerbung nun auf den Weg bringt, steigt signifikant.

Auch die Erfahrungen von deutschen Unternehmen, die Google for Jobs in den USA bereits von Beginn an aktiv nutzen, decken sich mit diesen Aussagen. So lautet beispielsweise das Feedback der US-Recruiter des deutschen Automobilzulieferers Brose, dass viele Bewerber die Funktion „Jobs im Umkreis" nutzen und man auf diese Weise in das Relevant Set potenzieller Kandidaten käme, berichtete mir Bernd M. Schell, Global Lead & Project Manager HR Online Services bei Brose. Auch die Visualisierung des Fahrtweges zum Arbeitgeber wird als wichtig wahrgenommen. Insgesamt verzeichne man bereits seit Juli 2017 sehr gute Erfolge mit Google for Jobs [13]. So ist Google for Jobs mittlerweile eine der Hauptquellen für Bewerbungen.

Selbst die großen Jobbörsen in Deutschland haben erkannt, dass sie von Google in Sachen Reichweite und Bekanntheit profitieren. XING sogar gleich zweifach: Einerseits durch die Stellenanzeigen (XING ist wie bereits erwähnt in Deutschland Hauptlieferant für Google for Jobs), andererseits durch die Arbeitgeberbewertungen auf XING (die ja von kununu 1:1 gespiegelt werden, womit ein weiterer Nutznießer zu nennen wäre). Ganz zu schweigen von kleinen und Nischen-Jobbörsen. Einzig und allein die Jobbörse der Arbeitsagentur ist nicht dabei – fast schon grob fahrlässig, sollte die doch alles dafür tun, um Bewerber in Lohn und Brot zu bringen –, und StepStone, ein Tochterunternehmen aus dem Axel Springer-Imperium. In einer Investorenkonferenz begründet Axel Springer-Chef Mathias Döpfner den Schritt mit bisherigen Erfahrungen im Ausland. *„In Märkten, in denen wir eine stärkere Position haben wie zum Beispiel in Südafrika, haben wir Google for Jobs nicht erlaubt unsere Inhalte zu nutzen.",* wird er im Online-Portal heise.de zitiert [14]. So habe man Google in Südafrika daran gehindert, dass seine Jobsuche für die Stellensuchenden eine zentrale Bedeutung bekommt und aus diesem Grund auch entschieden, Google for Jobs in Deutschland nicht zu unterstützen. Interessante Notiz am Rande: In UK ist die Axel Springer-Tochter Totaljobs sehr wohl mit dabei [15]. Möglicherweise ein Detail, welches Herrn Döpfner entgangen ist?

Welche Auswirkungen die Einführung von Google for Jobs bereits nach kürzester Zeit auf die Jobbörsen-Sichtbarkeit innerhalb des Google-Rankings hat, zeigt anschaulich eine Auswertung des SEO-Portals sistrix [16] (s. Abb. 2.8).

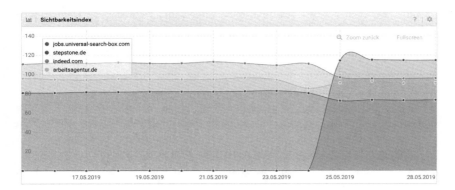

Abb. 2.8 Der sistrix Sichtbarkeitsindex zeigt deutlich, dass die Sichtbarkeit von Google for Jobs organisch stärker ist, als die der etablierten Marktteilnehmer wie Stepstone.de, Indeed.com oder auch Arbeitsagentur.de (was indes nicht verwunderlich ist, rankt die Box doch immer an erster Stelle). (Bildquelle: Screenshot sistrix (https://www.sistrix.de/news/google-jobs-in-deutschland-marktfuehrer-ueber-nacht/))

Auch anderweitig spürt StepStone die Einführung von Google for Jobs. So sehe man bei Traffic, der über Google auf das Jobportal gelangt, einen deutlichen Rückgang, heißt es in einer Stellungnahme durch das Jobportal. Auch der Bundesverband Deutscher Zeitungsverleger (BDZV) und der Verband Deutscher Zeitschriftenverleger (VDZ) fürchtet Googles Jobsuche und wirft dem Suchmaschinengiganten „Marktmacht-Missbrauch" vor [17].

2.4 Was kostet Google for Jobs

Eine Frage, die immer wieder aufkommt (und gemäß o. g. Studie viel Aufklärungsbedarf herrscht), ist die nach dem, was es kostet, bei Google for Jobs mit dabei zu sein. Da es sich bei Google for Jobs lediglich um ein optimiertes Suchergebnis handelt, lässt sich die Frage schnell mit einem Wort beantworten: Nichts. Etwas differenzierter beantwortet: Dass Ihre Stellen bei Google for Jobs gelistet werden, kostet Sie natürlich die Mühe, sich mit dem Thema auseinanderzusetzen. Je nach Unternehmensgröße und je nachdem, wie Sie die Jobs an Google übergeben (siehe dazu Kap. 4), ist natürlich der Aufwand zu berücksichtigen, den es ggf. bedeutet, Ihre Jobs Google for Jobs-fit zu machen. Stellen Sie dieses aber ins Verhältnis zu dem, was es kostet, Ihre Jobs bei den klassischen Jobbörsen zu schalten (Ausnahmen gibt es da nur wenige), so sind dies Peanuts. Zumal der Aufwand nur einmal entsteht. Wie Ihre Jobs bei Google for Jobs erscheinen, erfahren Sie in Kap. 4.

Eine weitere Frage, die in diesem Zusammenhang aufkommt: Kann ich mir bessere Positionen, kann ich mir eine bessere Sichtbarkeit der Jobs erkaufen? Auch hier gilt ein klares Nein, welches auch bei der Pressekonferenz zum Launch von Google for Jobs in Deutschland bekräftigt wurde. Es gibt keinerlei Möglichkeit, etwa analog Google Ads, bei Google for Jobs eine bessere Platzierung zu erkaufen. Nur am Rande sei angemerkt, dass es bei Google anfänglich auch hieß, man könne keine bessere Position in den Suchergebnissen erkaufen. Bereits 2000, also zwei Jahre nach dem Start der Suchmaschine, verkündete Google dann seine „Adwords" und die Möglichkeit, mittels bezahlter Anzeigen für mehr Sichtbarkeit zu sorgen [18]. Ein Schelm, wer Böses dabei denkt.

So nutzen Sie Google for Jobs für die Jobsuche

Google for Jobs ist die erste Recruiting-Lösung, die in erster Linie für Kandidaten entwickelt wurde, nicht für Recruiter. Ziel ist es, die Jobsuche so leicht wie möglich und passgenau zu gestalten und Bewerber und Unternehmen schnellstmöglich zusammenzubringen. Wie schon erwähnt, ist Google for Jobs keine neue Stellenbörse. In der Folge können Sie Google for Jobs nicht über eine eigene Internetadresse aufrufen. Was logisch ist, handelt es sich bei Google ja nicht um ein konkretes Produkt, sondern letztendlich um ein Suchergebnis – in etwa so, als würden Sie „Was bedeutet m/w/d" oder „Wie wird das Wetter?" googeln. In beiden Fällen wird Ihnen das entsprechende Ergebnis direkt auf der Startseite von Google angezeigt – ohne, dass Sie noch eine zusätzliche Seite aufrufen müssen.

Wie Sie Google for Jobs aufrufen
Und genauso können Sie nun bei Stellenanzeigen verfahren. Wollen Sie als Google for Jobs nutzen, müssen Sie lediglich eine Suche nach Jobs starten. Das kann auf verschiedene Art und Weise erfolgen. Etwa

- Jobs in meiner Nähe
- Jobs im Marketing
- Stellenangebot Controlling
- Marketingjobs
- Stelle als Feuerwehrmann

usw. In der Regel ist eine Angabe des Ortes nicht zwingend notwendig. Google orientiert sich nämlich an Ihrer IP-Adresse oder am Standort Ihres Smartphones und spielt Ihnen nach Möglichkeit die Stellen aus, die möglichst im Umkreis Ihres Standorts liegen. Selbstverständlich können Sie auch gezielt nach Stellen

© Springer Fachmedien Wiesbaden GmbH, ein Teil von Springer Nature 2019
H. Knabenreich, *Google for Jobs,* essentials,
https://doi.org/10.1007/978-3-658-27333-0_3

außerhalb Ihres eigenen Standorts suchen. Google präsentiert Ihnen dann die Ergebnisse in Form einer blau hervorgehobenen Box, wie in Abb. 2.4 oder 2.5, zwischen Google Ads (den bezahlten Suchergebnissen) und den organischen Suchergebnissen. Was das Besondere an Google for Jobs ist und welche Möglichkeit dieses neue Sucherlebnis bietet, verrate ich Ihnen nun.

Einzigartige Filtermöglichkeiten
Die Jobsuche bietet neben einer extremen Treffergenauigkeit eine unglaubliche Vielzahl an Filtermöglichkeiten, die es in der Form bis dato noch nicht gab (siehe Abb. 3.1). Dazu gehört eine Filtermöglichkeit nach

- Kategorie
- Stellentitel (hier findet der Nutzer alternative Stellenbezeichnungen und kann seine Suche entsprechend eingrenzen)
- Standort (sehr granulare Umkreissuche)
- Datum der Veröffentlichung
- Beschäftigungsart
- Arbeitgeber

Besonders interessant ist aber die schon erwähnte Tatsache, dass das Herzstück von Google for Jobs die Cloud Talent Solution ist und das Ganze auf Basis von Machine Learning bzw. KI funktioniert. Schließlich, so heißt es auf Googles Website „wurde diese KI-Lösung entwickelt, um die in Unternehmen bestehenden Technologien zur Talentgewinnung zu unterstützen" [19]. Und so werden Ihnen auch die Jobs angezeigt, nach denen gar nicht explizit gesucht wurde, weil der Stellentitel einfach zu weltfremd ist (z. B. weil Unternehmen manchmal sehr kreativ in der Schöpfung von Jobtiteln sind oder aber weil es eben für ein und dieselbe Stelle durchaus abweichende Rollentitel geben kann oder weil man vielleicht etwas unpräzise war, das soll ja vorkommen) oder die möglichst nah am eigenen Wohnort liegen (vgl. Abb. 3.2).

Einzigartige Transparenz
Mit Google for Jobs erhalten Sie eine bisher nie da gewesene Transparenz über Stellen. Zumindest in der Theorie. Google verspricht zwar, dass keine Dubletten ausgespielt werden und eine Stelle wirklich nur einmal ausgespielt wird, auch wenn sie auf mehreren Stellenbörsen veröffentlicht wurde, das funktioniert aktuell aber noch nicht wirklich (Stand Juni 2019). Das Problem, mit dem sich Google gleichermaßen wie Bewerber konfrontiert sieht, sind Jobsuchmaschinen, die Stellen von Jobsuchmaschinen „crawlen" (also auslesen), die ihre Stellen

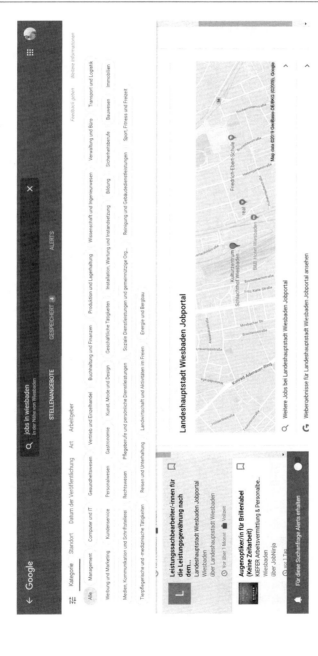

Abb. 3.1 Google for Jobs bietet eine Vielzahl von Filtermöglichkeiten. So lassen sich beispielsweise die Suchresultate von „Jobs in Wiesbaden" durch die Filter Kategorie, Standort, Beschäftigungsart oder auch Arbeitgeber eingrenzen. (Bildquelle: Screenshot Google LLC. Google und das Google-Logo sind eingetragene Marken von Google Inc., Verwendung mit Genehmigung)

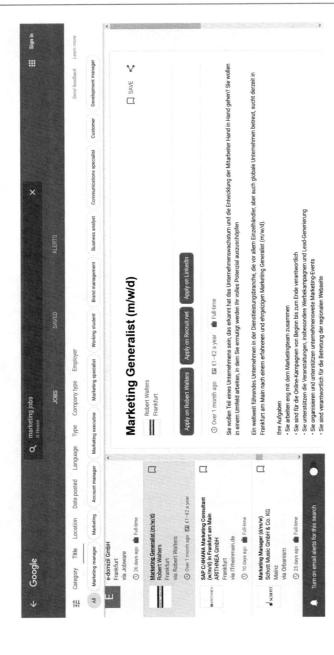

Abb. 3.2 Über den Filter „Titel" (zum Zeitpunkt des Verfassens in Deutschland noch nicht verfügbar) lassen sich auch die einer Such-kategorie zugeordneten Stellentitel anzeigen und filtern. (Bildquelle: Screenshot Google LLC. Google und das Google-Logo sind ein-getragene Marken von Google Inc., Verwendung mit Genehmigung)

wiederum von Jobbörsen oder Karriereseiten ziehen. Diese Jobsuchmaschinen sammeln die in Jobbörsen oder auf Karriere-Websites veröffentlichten Stellenausschreibungen (sowie deren Metadaten) ein und geben diese in Form von Verlinkungen auf der Quellseite auf einer eigenständigen Plattform, der Jobsuchmaschine selbst, wieder aus [20]. Leider nimmt das Ganze mittlerweile üble Ausmaße an und fast kann man schon von „Jobbörsen-Spam" reden (denn die Metadaten werden von Crawl zu Crawl schlechter mit der Folge, dass das, was der Nutzer zu sehen bekommt, nahezu unbrauchbar ist). Das Geschäftsmodell mancher dieser Anbieter ist weniger die Transparenz über den Jobmarkt, sondern das Abgreifen von Nutzerdaten, die sich in dem Glauben, es handele sich um eine seriöse Plattform, ein Profil anlegen, dessen Daten dann die Betreiber missbrauchen können. Trotz alledem haben Sie als Nutzer wohl noch nie ein so konzentriertes Angebot und einen so unmittelbaren Zugang zu Jobs gehabt, wie das mit Googles optimierter Jobsuche möglich ist.

Jobs in der Nähe

Wie schon oben erwähnt, liegt der Fokus von Google for Jobs auf einer möglichst personalisierten Ausspielung der Ergebnisse. Google möchte Bewerber und Unternehmen zusammenbringen und den Anfahrtsweg möglichst gering halten. Daher zeigt Google for Jobs nach Möglichkeit sowohl den Arbeitsweg als auch die Fahrtzeit an. Grundvoraussetzung dafür ist allerdings, dass das ausschreibende Unternehmen dem Job diese Informationen haarklein mitgibt. Etwas, was bis dato bei vielen Stellen leider nicht der Fall ist. Was sehr bedauerlich ist, denn Google for Jobs ermöglicht sogar eine exakte Standortabfrage, wie etwa „Jobs Kurfürstendamm" Berlin und zeigt nur Resultate von Stellen an, die tatsächlich an dieser Adresse liegen (s. Abb. 3.3).

Jobs mit Gehaltsangabe

Google aggregiert aber nicht nur Daten aus Google Maps. Auch aus externen Websites werden Daten zusammengetragen. Etwa fürs Gehalt. So haben Sie eine ungefähre Idee, was Sie im zukünftigen Job verdienen können. Ungefähre Idee deswegen, weil die wenigsten Arbeitgeber diese Angabe freiwillig mitteilen und Google sich diese Informationen von Portalen wie Glassdoor, LinkedIn, XING oder ähnlichen Seiten zieht. Und so handelt es sich bei den Gehaltsangaben um Schätzungen, für deren Gültigkeit Google nicht garantiert (s. Abb. 3.4).

Jobs mit Arbeitgeberbewertungen

Und weil Google möchte, dass Bewerber glücklich sind und nicht will, dass Sie als Bewerber die Katze im Sack kaufen, finden Sie auch gleich noch ein Rating

Abb. 3.3 Vorbehaltlich der Tatsache, dass der Arbeitgeber den exakten Standort hinterlegt hat, kann sich der Nutzer direkt innerhalb Google for Jobs den Fahrtweg nebst Fahrtzeit anzeigen lassen. (Bildquelle: Screenshot Google LLC. Google und das Google-Logo sind eingetragene Marken von Google Inc., Verwendung mit Genehmigung)

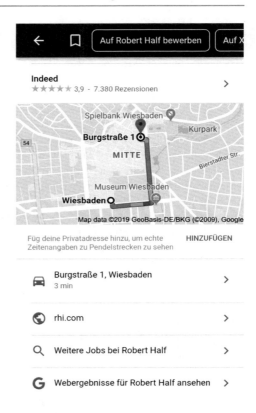

des Arbeitgebers: Arbeitgeberbewertungen werden beispielsweise aus kununu, XING, Glassdoor, softgarden oder aus indeed generiert und ebenfalls direkt mit angezeigt (s. Abb. 3.5).

Jobs für Remote-Arbeiter

Ganz im Sinne von „New Work" respektive „Arbeiten 4.0" ist auch die Möglichkeit, nach so genannten Remote Jobs zu suchen. Also Jobs für digitale Nomaden. Für uns in Deutschland (bisher) noch nicht von Relevanz ist ein Label, welches kenntlich macht, dass die ausgeschriebenen Jobs auch für US-Veteranen geeignet sind.

Abb. 3.4 Die via Google for Jobs ausgespielten Stellenausschreibungen werden auch um Gehaltsangaben ergänzt. Macht das Unternehmen selbst keine Angaben dazu, sucht sich Google diese eben selbst und aggregiert sie aus Portalen wie Glassdoor, LinkedIn oder anderen. Wird das Gehalt angegeben, so wird grafisch aufbereitet, wie der tatsächliche Verdienst im Vergleich zum Marktdurchschnitt aussieht. (Bildquelle: Screenshot Google LLC. Google und das Google-Logo sind eingetragene Marken von Google Inc., Verwendung mit Genehmigung)

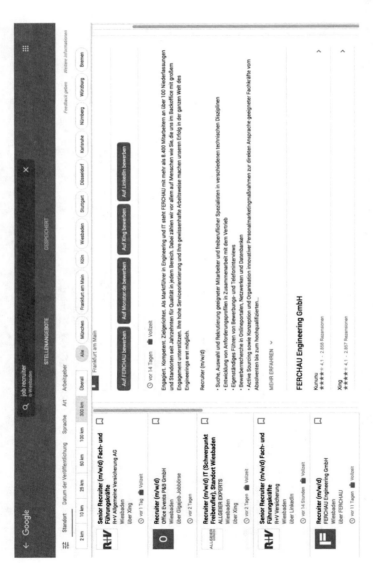

Abb. 3.5 Der Bewerber hat bei Google for Jobs die Qual der Wahl, über welchen Kanal er sich bewerben will. In diesem Beispiel stehen ihm vier Bewerbungsoptionen zur Verfügung. An erster Stelle wird immer der Button der Originalquelle platziert. Insbesondere bei der Ansicht via Smartphone ist das nicht ganz unbedeutend. (Bildquelle: Screenshot Google LLC. Google und das Google-Logo sind eingetragene Marken von Google Inc., Verwendung mit Genehmigung)

Abb. 3.6 Google for Jobs ermöglicht auch das automatisierte Zusenden von auf die Such-anfrage zugeschnittenen Stellen (in diesem Falle Jobs im Recruiting in Wiesbaden) und zwar sofort bei Erscheinen der Stelle im Index, mittels täglichem oder wöchentlichem Update. Auch lassen sich Jobs, die man sich noch einmal genauer anschauen oder auf die man sich bewerben möchte, als Favoriten abspeichern

Bewerben, wie und wo man will

Google for Jobs ermöglicht eine Bewerbung über verschiedene Quellen. Das kann beispielsweise die Karriereseite eines Unternehmens sein oder aber Lin-kedIn oder ein anderes Jobportal. Google spielt zwar nur einmal eine Stelle aus (selbst, wenn Ihre Stelle auf verschiedenen Portalen ausgespielt wurde. Zumindest behauptet Google dieses, s. o.), bietet dann aber die Option, sich über verschiedene Wege zu bewerben. Der Bewerben-Button der Primär-quelle (idealerweise ist das die Karriereseite des Unternehmens) wird als ers-ter angezeigt. Wurde die Stelle auf weiteren Stellenbörsen ausgeschrieben, erscheinen auch diese Bewerben-Buttons (s. Abb. 3.5).

Neue Jobs frisch ins Postfach

Nicht immer ist der passende Job gleich bei der ersten Suche dabei. Deshalb bietet Google for Jobs auch die Möglichkeit, sich über neue Jobs anhand der gewählten Kategorien per E-Mail informieren zu lassen – vorausgesetzt, Sie haben sich mit Ihrem Google-Konto angemeldet (Abb. 3.6). Diese Anmeldung ist auch erforderlich, wenn Sie Jobs als Favoriten speichern wollen.

So sorgt „Google Jobs" also nicht nur für eine bestmögliche Treffsicherheit, sondern auch für bestmögliche Transparenz.

Als Arbeitgeber Potenziale nutzen: So kommen Sie rein bei Google for Jobs

4

Die Älteren von uns erinnern sich bestimmt noch an den legendären AOL-Werbespot aus den Kinderjahren des Internet, in dem uns Boris „uns Bobbele" Becker erklärt, wie einfach es doch ist, mit AOL ins Internet zu kommen. Ganz so einfach wie seinerzeit mit dem Modem ist es nicht, in Google for Jobs gelistet zu werden. Denn, wie schon geschrieben, ist Google for Jobs keine Jobbörse im herkömmlichen Sinn. Es gibt keine Möglichkeit, Jobs per Formular oder Upload hochzuladen. Allerdings ist das Ganze auch kein Hexenwerk und verlangt von Ihnen weniger Kenntnisse, als die klassische Suchmaschinenoptimierung (SEO). Sie sollten allerdings etwas technisches Verständnis mitbringen – oder jemanden kennen, der darüber verfügt. Die Kollegen in der IT-Abteilung etwa wären da eine großartige Adresse!

Damit Ihre Jobs via Google for Jobs ausgespielt werden und Sie einen unglaublichen Reichweitenschub bekommen, gibt es verschiedene Möglichkeiten. Meine uneingeschränkte Empfehlung lautet: Sorgen Sie dafür, dass Ihre via Karriere-Website ausgeschriebenen Stellen direkt bei Google for Jobs landen.

Nehmen Sie sich nun etwas Zeit und erfahren, wie Sie sich unabhängig von allen anderen Anbietern machen, viel Geld sparen können und eine hohe Reichweite genießen. Folgende Informationen und Tipps mögen Ihnen dabei helfen.

4.1 Sie nehmen die Sache selbst in die Hand und sorgen dafür, dass Ihre Jobs eine nie geahnte Reichweite erhalten

So bequem es ist, sich auf andere zu verlassen, am besten ist immer die eigene Unabhängigkeit. Auch zeigen zwei Jahre genauen Beobachtens der via Google for Jobs ausgespielten Stellen, dass die Drittanbieter (also Jobbörsen und

© Springer Fachmedien Wiesbaden GmbH, ein Teil von Springer Nature 2019
H. Knabenreich, *Google for Jobs,* essentials,
https://doi.org/10.1007/978-3-658-27333-0_4

ATS[1]-Provider) nicht immer einen (im wahrsten Sinne des Wortes) sauberen Job machen. Also gehen Sie hin und sorgen Sie selbst dafür, dass Ihre Stellenausschreibungen „Google Jobs"-fit sind. Und dann übergeben Sie sie einfach via XML-Sitemap oder über eine sogenannte Indexing API. Eigentlich sollte das Ihr Ziel sein. Sie sind komplett unabhängig von externen Anbietern und können viel Geld sparen. Zumindest in der Theorie und in der Anfangsphase. Denn natürlich bedeutet trotz Google for Jobs jede Stelle und jede Stellenbörse, an der Ihre Jobs einem potenziellen Bewerber auffallen, zusätzliche Reichweite. Abgesehen davon, dass ein Bewerber erst einmal „lernen" muss, Google als alleiniges Tool für die Jobsuche zu nutzen. Und davon scheinen wir noch weit entfernt. Zwar nutzen die Menschen zunehmend Google auch für die Jobsuche, aber eben nicht flächendeckend. Nur am Rande sei erwähnt, dass Google – je nach Suchbegriff – auch denjenigen Jobs anzeigt, die gar nicht aktiv auf Jobsuche sind. Womit Sie auch „passiv Suchende" und latent wechselwillige Kandidaten erreichen können. Das funktioniert nicht bei jedem Suchbegriff, aber bei einigen. Und die Zahl dürfte mehr werden, bzw. dürfte das, was dem Einzelnen ausgespielt wird, auch stark vom Suchverhalten abhängig sein. Schließlich weiß Google mehr über uns, als wir selbst über uns zu wissen glauben.

Voraussetzung dafür, dass Ihre Jobs überhaupt via Google for Jobs auffindbar sind, ist eine bestimmte Form der Aufbereitung Ihrer Stellenangebote. Genauer müssen diese den Google-Richtlinien bzw. den Empfehlungen von schema.org entsprechen. Hierzu finden Sie umfangreiche Informationen bei Google selbst, bzw. auf der erwähnten Plattform von schema.org. Mit der von schema.org entwickelten Ontologie können Website-Inhalte so aufbereitet werden, dass es Google möglich ist, relevantere Suchergebnisse anzuzeigen oder diese bei der Darstellung entsprechend aufzubereiten.

Diese Quellen stellen Ihnen die notwendigen Informationen im Detail bereit
- Technische Richtlinien: https://developers.google.com/search/docs/data-types/job-posting
- Inhaltliche Richtlinien für Ihre Stellenanzeigen: https://developers.google.com/search/docs/data-types/job-posting#content-guidelines
- Job-Posting – Schema (schema.org): http://schema.org/JobPosting

---

[1]ATS steht für Applicant Tracking System bzw. E-Recruiting-Software oder zu Deutsch: Bewerbermanagementsoftware.

Jetzt wird es ein wenig technisch, aber als Recruiter sollten Sie davor ohnehin keine Scheu haben. Ich verspreche Ihnen aber, dass es nicht allzu Fachchinesisch wird. Geht es um die Aufbereitung Ihrer Stellenanzeigen, so gibt es Elemente die zwingend erforderlich und welche, die „nice to have" (in meinen Augen allerdings auch zwingend erforderlich) sind. Generell müssen Ihre Jobs als JobPosting deklariert werden. Und nun gilt es, einen Blick auf die erforderlichen Datenfelder zu werfen. Starten wir mit den **zwingend erforderlichen**.

Der Stellentitel (title)
Wirklich überraschend ist es nicht, aber der Stellentitel selbst ist eines der wichtigsten „Gütekriterien" für Ihre Stellenanzeigen. Das gilt nicht nur für Google for Jobs, das gilt allgemein und ohne Einschränkungen für alle Stellenanzeigen! Denn ohne guten Stellentitel gibt's auch keine Auffindbarkeit. Das bedeutet für Sie:

- Sorgen Sie für Klarheit beim Stellentitel! Fragen Sie sich, ob der Titel die Rolle wirklich richtig beschreibt! Stellentitel, etwa wie „Mitarbeiter", „Referent" oder „Sachbearbeiter" sind alles andere als klar. Werden Sie konkret: Für welchen Bereich suchen Sie einen Mitarbeiter, welche Aufgaben kommen primär auf ihn zu oder aber welche Kompetenzen muss er für die Stelle mitbringen?
- Seien Sie konkret, statt schwammig: Verwenden Sie lieber den Titel „Senior Frontendentwickler", als den generischen „Webentwickler" (besser aber, Sie werden noch konkreter). Schreiben Sie anstatt „Jetzt für IT-Job bewerben – Mitarbeiter mit Französischkenntnissen in Bielefeld gesucht" besser „IT-Spezialist/in mit Französischkenntnissen" (der Ort, der prinzipiell die Auffindbarkeit von Jobs erhöhen kann, bekommt ein eigenes Datenfeld, s. u.).
- Verwenden Sie im title-Feld keine Jobcodes (also Referenznummern), Adressen bzw. den Ortsnamen, Gehaltsangaben, Firmennamen oder Sonderzeichen (Mit Ausnahme des Asterisk, mit dem Sie das dritte Geschlecht kenntlich machen, wenn Sie es denn kenntlich machen wollen). Auch Ausrufezeichen oder ausschließliche Großschreibung des Stellentitels sind nicht erlaubt (beispielsweise „BILANZ-BUCH-HALTER (M/W/D) FÜR INTERNATIONALEN GROSSKONZERN GESUCHT!!!"). Für den Standort, Gehaltsangaben oder den Firmennamen sieht Googles Markup eigene Datenfelder vor.
- Der Stellentitel sollte nicht länger als 65 Zeichen, eher kürzer, gehalten werden. Alles, was darüber liegt, wird dem Nutzer nicht bzw. nicht vollständig angezeigt. Im Zweifelsfall gehen so wichtige Informationen verloren (vgl. Abb. 4.1)!

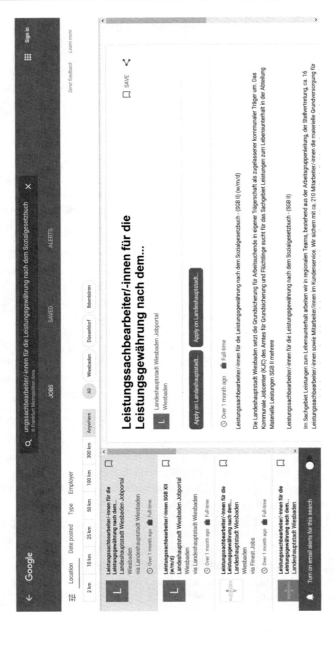

Abb. 4.1 Achten Sie auf die Länge des Stellentitels. Ein zu langer Stellentitel führt dazu, dass nicht der gesamte Stellentitel angezeigt wird und der Nutzer dazu gezwungen ist, sich den Rest zusammenzureimen Vor allem beim Aufruf von Google for Jobs über das Smartphone ist das eher suboptimal. Bei „Leistungssachbearbeiter/-innen für die Leistungsgewährung nach dem…" handelt es sich im Übrigen um „Leistungssachbearbeiter/-innen für die Leistungsgewährung nach dem Sozialgesetzbuch – (SGB II) (w/m/d)". (Bildquelle: Screenshot Google LLC. Google und das Google-Logo sind eingetragene Marken von Google Inc., Verwendung mit Genehmigung)

Tatsächlich, man sollte es nicht für möglich halten, gibt es sogar Unternehmen, die den Stellentitel vergessen. Klar sollte sein, dass solche Stellen natürlich auch nicht in Google for Jobs auftauchen. Ob Sie alles richtig gemacht haben, verrät Ihnen übrigens Googles Testtool für strukturierte Daten (s. dazu auch Abschn. 2.3).

Die komplette! Stellenbeschreibung (description)
Die description stellt quasi das Herzstück Ihrer für Google for Jobs aufbereiteten Stellenanzeige dar. Und wie im wahren Leben gilt auch hier: Nur eine ausführliche und praxisnahe, ausführliche Stellenbeschreibung, die Lust auf den Job macht, ist eine gute Stellenausschreibung. Ausführlich heißt im Übrigen auch vollständig. D. h. in dieses Datenfeld gehört (idealerweise) der Inhalt der kompletten Ausschreibung: Intro, Aufgaben, Anforderungsprofil, Ansprechpartner, Benefits, Bewerbungsaufforderung. Nur wenn diese Daten vollständig sind, werden sie dem Nutzer auch via Google for Jobs angezeigt. Und nur dann! Allerdings liegt es an Ihnen, welche Inhalte Sie übermitteln. Denkbar wäre auch, bestimmte Aspekte auszulassen. Entscheidend ist auf jeden Fall, dass die ersten 5 Zeilen das Interesse beim Nutzer wecken sollten. Diese sind es, die dem Nutzer als erstes in der Ergebnisliste angezeigt werden. Eine selbstbeweihräuchernde Beschreibung à la „wir sind die Größten, die Schönsten, die Tollsten, haben die besten Produkte und Marktführer sind wir sowieso", gehört im Übrigen nicht dazu. Nur am Rande sei erwähnt, dass auch die im Kontext der Stelle stehenden Keywords in der Beschreibung auftauchen sollten.

- Eine detaillierte Stellenbeschreibung sorgt nicht nur für bestmögliche Orientierung bei der Entscheidungsfindung des Bewerbers, sondern ist das A & O Ihrer Darstellung bei Google for Jobs!
- Gestalten Sie die Beschreibung so, dass sich ein potenzieller Mitarbeiter unmittelbar von den ersten Zeilen angesprochen fühlt. Diese entscheiden maßgeblich darüber, ob er weiterliest – oder zum nächsten Stellenangebot springt.
- Damit der Leser nicht reine Textwüsten ohne Punkt und Komma präsentiert bekommt, sorgen Sie für Zeilenumbrüche und Absätze, indem Sie HTML-Tags nutzen. Laut Google sind z. B. <p>, <br>, <ul> und <li> sowie für Überschriften <h1> bis <h5> möglich. Es soll sogar möglich sein, Formatierungstags auf Zeichenebene wie <strong> und <em> zu verwenden, schreibt Google in seinen Richtlinien. All das ist allerdings leider nicht korrekt. Die einzigen HTML-Auszeichnungen, die Google in der Description akzeptiert, sind <p> oder <br> sowie <li>. Ein Blick auf den Großteil der bis dato

ausgespielten Anzeigen – egal ob in den USA, in Japan, in Deutschland oder sonst im Rest der Welt – zeigt, dass es noch eine ganze Menge Optimierungspotenzial in Sachen Aufbereitung der Stellenanzeigen gibt. Eine Anzeige, wie etwa Abb. 4.2 zeigt, wollen weder Sie noch potenzielle Bewerber. Auch wenn sich Google selbst nicht an die Richtlinien hält, sollte das kein Grund für Sie sein, den gleichen Fehler zu machen. Um die zu vermeiden, lesen Sie ja dieses Buch ☺.

- Alle, wirklich alle Inhalte (sprich: Einstiegstext, Aufgaben, Anforderungen, Benefits, Ansprechpartner, Bewerbungsaufforderung) sollten Sie in die Description mit aufnehmen. Alle! Sie können zwar noch nach responsibilities, requirements, IncentiveCompensation u. a. differenzieren, diese Angaben haben aber trotz schema.org-Empfehlungen keinerlei Auswirkungen auf das, was der Nutzer in den Suchergebnissen zu sehen bekommt (vgl. Abb. 4.3)!

Der Unternehmensstandort (jobLocation)
Google möchte seinen Nutzern bestmöglichen Service und Transparenz bieten. Deswegen ist die richtige Darstellung des Standorts bzw. der Adresse immens wichtig. Auch ist die Entfernung zum Arbeitsplatz für viele Bewerber entscheidend. Pendeln macht krank [21], ein kürzestmöglicher Arbeitsweg sorgt für höchste Zufriedenheit. Das weiß auch Google. Auch an den Suchanfragen bei Google selbst kann man erkennen, dass die Suche nach „Jobs in meiner Nähe" stetig zunimmt.

- Eine Angabe des Standortes schafft Klarheit und ermöglicht es Google, einem potenziellen Bewerber Arbeitsweg und -zeit anzuzeigen.
- Erforderlich sind Land, Standort, Postleitzahl, Straße und Hausnummer. Auch die Angabe von Geo-Location-Daten ist möglich.
- Wenn die Arbeit an mehreren Standorten ausgeführt werden soll, können Sie die Eigenschaft jobLocation mehrfach anlegen. Google zeigt basierend auf der Suchanfrage des Interessenten den am besten geeigneten Standort an. Wenn es keinen Arbeitsort wie ein Büro gibt, brauchen Sie diese Eigenschaft laut Google nicht.
- Wenn eine Stelle als Telearbeit angeboten wird, können Sie dies auch mithilfe der Tags jobLocationType und applicantLocationRequirements kenntlich machen. Mit letzterer Auszeichnung geben Sie an, wo der Mitarbeiter die Telearbeit ausüben kann. Dabei muss mindestens ein Land ausgewählt werden.

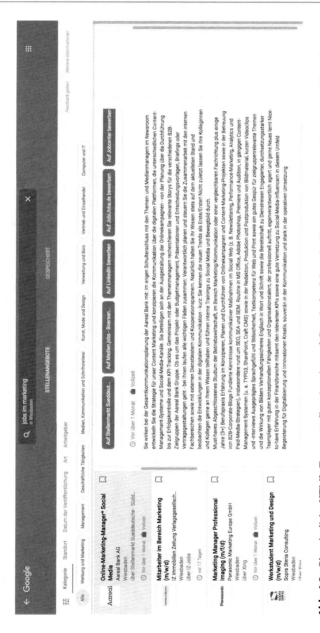

Abb. 4.2 Ohne jegliche HTML-Tags gerät Ihre Anzeige auf Google for Jobs schnell zur unstrukturierten Textwüste. Diese sind also für eine nutzerfreundliche Anzeige unabdingbar und erhöhen die Chance, dass Ihre Anzeige von Bewerbern auch wahrgenommen wird. (Bildquelle: Screenshot Google LLC. Google und das Google-Logo sind eingetragene Marken von Google Inc., Verwendung mit Genehmigung)

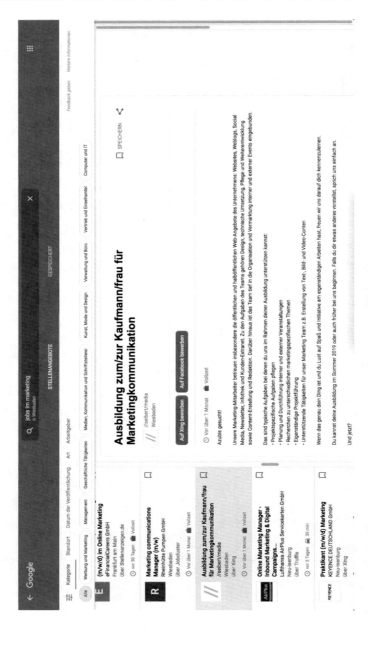

Abb. 4.3 HTML-Tags sorgen für mehr Übersichtlichkeit und Struktur. (Bildquelle: Screenshot Google LLC. Google und das Google-Logo sind eingetragene Marken von Google Inc., Verwendung mit Genehmigung)

Der Unternehmensstandort ist, ebenso wie der Stellentitel, unabdingbar! Ohne jegliche Angabe zum Standort gibt's auch keine Sichtbarkeit.

Datum der Stellenveröffentlichung und Gültigkeit des Stellenangebots (datePosted, validThrough)

Auch das Datum der Stellenveröffentlichung ist für eine ordentliche Anzeige in Googles Jobsuche erforderlich. Dies dient u. a. dazu, die Aktualität des Einstellungsdatums zu erkennen und danach sortieren zu können. Stellenangebote, die in Google for Jobs erscheinen, aber längst abgelaufen sind, werden von Google geahndet. Im Extremfall mit dauerhaftem Ausschluss. Auch wenn Google bisher nicht wirklich streng auf das Einhalten der Richtlinien zu achten scheint, wird zumindest der hohe Anspruch an die Qualität der Stellenanzeigen ersichtlich.

Da nie so wirklich klar ist, wann ein Job eigentlich besetzt wird, empfiehlt sich als validThrough-Datum die Angabe eines in weiter Zukunft liegenden Datums. Das ist insbesondere dann sinnvoll, wenn die Jobs nicht automatisiert via ATS und Indexing API, sondern eher manuell übers CMS gepflegt werden.

Der Name des Unternehmens (hiringOrganization)

Klar, dass auch der Name des Unternehmens nicht fehlen darf. Wie sollte ansonsten eine Zuordnung zum Job bzw. zum Unternehmen möglich sein? Zudem bietet Googles Jobsuche eine entsprechende Filtermöglichkeit an, die die Stellen einzelnen Arbeitgebern zuordnen lässt. Auch das Firmenlogo sollten Sie unbedingt hinterlegen. Aus verschiedenen Gründen:

- Es fällt auf und sorgt für Wiedererkennungswert (Unternehmen, die kein Logo übergeben, werden in der Job-Ergebnisliste nur mit Anfangsbuchstaben angezeigt). So stünde also beispielsweise nur ein A bei Unternehmen wie Accenture, Access oder Avature oder ein G bei Google, wenn kein Logo übergeben wird. Das macht's dem Bewerber (und damit Ihnen) nicht unbedingt leichter, wie Abb. 4.4 zeigt.

Die nachfolgenden Datenfelder sind zwar gemäß Google Richtlinien nicht zwingend erforderlich, m. E. geht aber kein Weg daran vorbei, wenn Sie es wirklich ernst mit Transparenz und Bewerber meinen.

Die Gehaltsangabe (baseSalary): Tüpfelchen auf dem I

Ich muss glaube ich nicht viel dazu sagen. Abgesehen davon, dass sich Bewerber eine entsprechende Angabe wünschen, die Gehaltsangabe ein Zeichen von Transparenz und Wertschätzung, Garant für mehr Bewerbungen und Sichten weniger

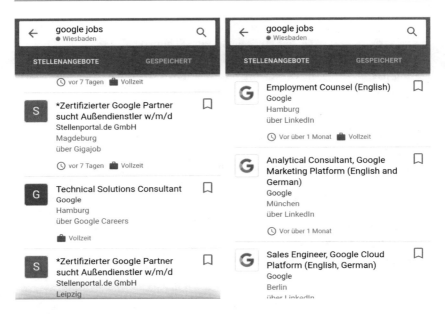

Abb. 4.4 Wie wichtig das Logo ist, zeigt sehr schön diese Abbildung. Während auf der linken Seite nur Buchstaben, anstatt eines Logos zu sehen sind und eine Zuordnung zum Unternehmen nur auf den zweiten Blick möglich ist, ist bei den Jobs auf der rechten Seite sofort zu erkennen, dass es sich um Jobs bei Google handelt. Hätten Sie erkannt, dass es sich beim zweiten ausschreibenden Unternehmen auf der linken Seite auch um Google handelt? (Bildquelle: Screenshot Google LLC. Google und das Google-Logo sind eingetragene Marken von Google Inc., Verwendung mit Genehmigung)

unpassender Bewerbungen ist, erfolgt bei den von Google Jobs ausgespielten Stellenanzeigen ohnehin eine Gehaltsangabe. Es ist Ihre Entscheidung, ob Sie lieber eine u. U. sehr stark divergierende Gehaltsspanne aus Glassdoor, XING, salary.com, gehalt.de oder welcher Quelle auch immer dort angezeigt haben wollen, oder Ihre eigene. Meine Empfehlung: Nutzen Sie das Feld. Machen Sie es besser, als der Wettbewerb. Einer Untersuchung des Anbieters Jobiak zufolge erfolgte eine entsprechende Angabe in nur 4 % der in den USA via Google for Jobs ausgespielten Stellenanzeigen [22]. Hier in Deutschland werden es wohl nur Promille sein. Da ist viel Luft nach oben – und jede Menge Potenzial für Sie, um beim Bewerber zu punkten!

Art der Stelle: Vollzeit, Teilzeit, Zeitarbeit etc. (employmentType)
Auch diese Angabe ist keine Pflicht, aber unbedingt empfehlenswert. So sieht der Nutzer gleich, ob es sich beispielsweise um eine Voll- oder Teilzeitstelle oder gar um eine Stelle bei einem Zeitarbeitsunternehmen handelt und kann nach diesen Kriterien filtern.

Zusammenfassung
Nachfolgend finden Sie noch einmal alle Datenfelder im Überblick in Abb. 4.5.
Der Schema Markup Generator (JSON-LD) von Merkle, den Sie über https://technicalseo.com/tools/schema-markup-generator/ aufrufen können, ist eine hilfreiche Quelle beim Erstellen des richtigen Markups. Insbesondere dann, wenn Sie Ihre Jobs nicht automatisiert ausschreiben, ist das Tool eine unglaubliche Hilfe. Und so geht's.

So fügen Sie Ihrer Stellenanzeige Schema-Markups hinzu
Rufen Sie die Seite https://technicalseo.com/tools/schema-markup-generator/ auf. Klicken Sie auf das Dropdown-Menü und wählen Sie „Job-Posting" aus. Das Prozedere ist nun eigentlich selbsterklärend. Übertragen Sie einfach per copy & paste die HTML-Daten aus Ihrer Stellenanzeige in die jeweiligen Felder. Das Tool erledigt den Rest und überträgt das Ganze ins Schema-Markup (s. Abb. 4.6). Achten Sie aber unbedingt darauf, dass Sie JSON-LD anstelle von Mikrodaten verwenden, da die Implementierung wesentlich einfacher ist.
Nun fügen Sie das Ganze noch auf der HTML-Seite Ihrer Stellenanzeige unterhalb der eigentlichen HTML-Anzeige ein. Fertig! Über das Testtool für strukturierte Daten können Sie Ihr Werk und all Ihre Jobs auf Herz und Nieren prüfen und schauen, ob Sie irgendetwas übersehen haben. Wie so etwas ausschauen kann, zeigt Abb. 4.7.

Mit Wordpress Plugin für Google-Reichweite sorgen
Ihnen ist das alles zu kompliziert? Sie arbeiten mit Wordpress? Dann sollten Sie sich das Plugin WP Jobmanager anschauen. Dieses Plugin ist bereits seit einem Release im August 2017 in der Lage, Jobs Google-Jobs-freundlich auszuspielen [23]. Auch das Plugin von BlueGlass ermöglicht eine unkomplizierte Aufbereitung der Jobs gemäß Googles Richtlinien [24].

@type	JobPosting
title	Klarer, beschreibender, auf die Zielgruppe abgestimmter Stellentitel
	Bsp.: Senior Frontendentwickler für E-Commerce-Projekte
description	Komplette Beschreibung des Jobangebots. Besonders wichtig sind die ersten Zeilen, diese sollten direkt auf die Bedürfnisse des Nutzers abzielen und Interesse für die Aufgabe wecken.
	Platziert wird hier idealerweise der Inhalt des kompletten Stellenangebots: Einstiegstext, Aufgaben, Anforderungen, Benefits, Ansprechpartner, Bewerbungsaufforderung
datePosted	Datum der Veröffentlichung. Dieses muss zwingend im ISO 8601-Format angegeben werden (JJJJ-MM-DD).
	Bsp.: 2019-05-14
validThrough	Ablaufdatum des Stellenangebots. Gilt für Stellenausschreibungen mit Bewerbungsfrist. Wenn es diese nicht gibt, ist eine Angabe nicht erforderlich. Wird ein Job vor dem Ende der Bewerbungsfrist vergeben, muss die Stellenausschreibung entfernt werden.
employmentType	Beschäftigungsart (Vollzeit, Teilzeit, Temporär etc.)
	Beispiel für Vollzeit: FULL_TIME
hiringOrganization	Die hier folgenden Daten beziehen sich auf das Unternehmen
@type	Organization
name	Vollständiger Unternehmensname mit Firmierung
	Beispiel: Mustermann GmbH
sameAs	Die URL (Internetadresse), über die das Unternehmen zu erreichen ist
logo	Webadresse, wo das Logo hinterlegt wurde. Das Logo ist wichtig, da der Nutzer ansonsten nur den Anfangsbuchstaben des Unternehmens angezeigt bekommt.
jobLocation	Die hier erforderlichen Daten beziehen sich alle auf den Standort
@type	Place
address	
@type	PostalAddress
streetAddress	Exakte Anschrift!
	Beispiel. Musterstraße 7
addressLocality	Exakter Ort
	Beispiel: Musterhausen bei Buxtehude
postalCode	Exakte Postleitzahl des Arbeitsstandorts
	Beispiel: 12345
addressRegion	Region, in der sich der Arbeitsort befindet (Deutschland)
	Beispiel: DE
addressCountry	
@type	Country
name	DE
baseSalary	Exakte Gehaltsangabe oder aber zumindest Spanne, angegeben in der landesüblichen Währung. Möglich ist die Angabe des Jahres-, Monats-, oder Wochengehalts oder des Stundenlohns
@type	MonetaryAmount
currency	EUR
value	
@type	QuantitativeValue
value	Exakte Summe oder Spanne
	Bsp. 65.000 oder 50.000 - 60.000
unitText	Angabe, ob Gehalt wöchentlich, monatlich oder jährlich bezogen ist
	Bsp.: YEAR

Abb. 4.5 Die Tabelle zeigt alle relevanten Datenfelder eines Jobpostings gemäß Google Richtlinien nebst kurzer Beschreibung, eigene Darstellung

{...} Schema Markup Generator (JSON-LD)

Job's title
HR-Business Partner/Personalreferent für Digitalagentur

Identifier

Job's description (in HTML):

Der Faktor Mensch hat bei uns oberste Priorität. Deshalb ist HR bei uns in der Unternehmensstrategie fest etabliert und in der Geschäftsführung verankert. Die Zufriedenheit unserer Mitarbeiter ist das oberste Ziel deiner Arbeit: Wenn die Mitarbeiter glücklich sind, bist du es auch. Als HR Business Partner bist du ganz nah dran an den Kollegen: Im Durchschnitt betreust du 60 Mitarbeiter in allen personalrelevanten Belangen. Aktuell sind wir 16 Kollegen im HR-Team: Neben unseren HR Business Partnern kümmern sich noch zwei Vollzeit-Recruiter und eine Personalmarketing-Verantwortliche um das Wohlergehen unserer Mitarbeiter. Wir arbeiten agil, tauschen uns standortübergreifend aus und nutzen Tools von Haufe und Persis.

```
<h3>Was du bei uns machst:</h3>
<ul>
<li>Von Eintritt bis Austritt, von der Arbeitsvertrag- bis zur Zeugniserstellung, von
Elternzeitgenehmigung bis Weiterbildungsbudget: Du bist der Sparringspartner für unsere Mitarbeiter und
Führungskräfte und bringst ihre Wünsche und die Belange des Unternehmens bestmöglich unter einen Hut.
Dabei liegt dein Fokus stets auf höchster Mitarbeiterzufriedenheit.</li>
<li>Du begleitest und moderierst Mitarbeitergespräche, Konflikt- oder Trennungsgespräche – und
punktest dabei mit Empathie und Kommunikationsstärke.</li>
<li>Du plants interne und externe Personalentwicklungsmaßnahmen, führst diese durch und evaluierst
ihre Erfolge.</li>
<li>Außerdem konzipierst und implementierst du verschiedene HR-Projekte, wie zum Beispiel die
Etablierung eines Karrieremodells oder Leadership Programms oder aber den Aufbau eines Betrieblichen
Gesundheitsmanagements.</li>
<li>Du bist gerne neue Wege und stellst auch Altbewährtes infrage. Den dafür notwendigen Freiraum
bieten wir dir gerne.</li>
```

```
<script type="application/ld+json">
{
  "@context": "https://schema.org/",
  "@type": "JobPosting",
  "title": "HR-Business Partner/Personalreferent für Digitalagentur
  "description": "<h3>Der Faktor Mensch hat bei uns oberste Priorität
<h3>Was du bei uns machst:</h3>
<ul>
<li>Du Eintritt bis Austritt, von der Arbeitsvertrag- bi
<li>Du begleitest und moderierst Mitarbeitergespräche. Ko
<li>Du plants interne und externe Personalentwicklungsmaß
<li>Außerdem konzipierst und implementierst du verschiede
<li>Du gehst gerne neue Wege und stellst auch Altbewährte
</ul>",
  "hiringOrganization": {
    "@type": "Organization",
    "name": "personalmarketing2null GmbH",
    "sameAs": "https://personalmarketing2null.de"
  },
  "industry": "Marketing",
  "employmentType": "FULL_TIME",
  "datePosted": "2019-05-13",
  "validThrough": "",
  "applicantLocationRequirements": {
    "@type": "Country",
    "name": "DE"
  },
  "jobLocationType": "TELECOMMUTE",
  "baseSalary": {
    "@type": "MonetaryAmount",
    "currency": "EUR",
    "value": {
      "@type": "QuantitativeValue",
      "minValue": 50000,
      "maxValue": 60001,
      "unitText": "YEAR"
```

Abb. 4.6 Mit dem Schema Markup Generator von Merkle erstellen Sie mit wenigen Klicks das Markup für Ihre Stellenanzeigen. (Bildquelle: Screenshot Google Merkle Inc. https://technicalseo.com/tools/schema-markup-generator/. Zugegriffen: 13. Mai 2019)

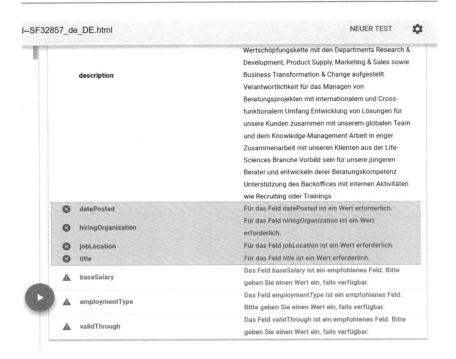

Abb. 4.7 Das Testtool für strukturierte Daten zeigt unmissverständlich auf, ob das Daten-schema richtig aufbereitet wurde – oder nicht. In diesem Falle fehlen das Unternehmen (hiringOrganization), der Standort (jobLocation), Stellentitel (title) sowie das Veröffent-lichungsdatum (datePosted). Kein Wunder also, dass diese Stelle unsichtbar bleibt. (Bildquelle: Screenshot Google LLC. Google und das Google-Logo sind eingetragene Marken von Google Inc., Verwendung mit Genehmigung)

4.2 Auch Ihre Bewerbermanagement-Software kann den Weg zu Google for Jobs ermöglichen

Ein anderer Weg, wie Ihre Jobs ganz unkompliziert und fast ohne jedes Zutun in Google for Jobs gelangen, ist der über Ihren Anbieter von E-Recruiting-Software. Vorausgesetzt, dieser hat die Zeichen der Zeit erkannt und seine (bzw. natürlich Ihre) Stellen Google-fit gemacht. Darauf würde ich mich an Ihrer Stelle allerdings nicht verlassen. ATS, die auf strukturierte Daten setzen, sind bis zum jetzigen Zeitpunkt Mangelware und wieder einmal bestätigt sich, dass diese Dienstleister zwar hervorragend Bewerberdaten verwalten können, aber ansonsten keine große Hilfe sind. Abgesehen davon haben sie nicht unbedingt ein Interesse daran, wollen sie doch als Multiposter lieber daran Geld verdienen, dass Ihre Jobs auf den üblichen verdächtigen Stellenbörsen ausgeschrieben werden. Das Übertragen via ATS kann Ihnen folgende Vorteile bieten: Aufbereiten der Stellenanzeigen gemäß schema.org bzw. Google Richtlinien, automatisiertes Erstellen einer XML-Sitemap für Ihre Jobs, automatisiertes Übermitteln der Sitemap an Google. Ob Ihr Anbieter die Zeichen der Zeit erkannt hat und seinen Kunden echten Service bietet, erfahren Sie am besten, wenn Sie ihn direkt mit dem Thema konfrontieren.

4.3   Der einfachste Weg geht über die Stellenbörse Ihres Vertrauens

Es ist tatsächlich so: Der einfachste Weg geht über die Stellenbörse Ihres Vertrauens. Es sei denn, diese heißen StepStone oder indeed oder es handelt sich gar um die Jobbörse der Bundesagentur für Arbeit. Denn diese drei Jobportale (übrigens die mit Abstand reichweitenstärksten Jobportale in Deutschland. Noch.) verweigern sich beharrlich dem sympathischen Datensammler aus Mountain View. Sowohl indeed, als auch StepStone verharren auf ihrer Position, bei Google for Jobs nicht mitzumachen und befürchten Wettbewerbsnachteile (s. auch Abschn. 2.3).

Der Großteil der Jobbörsen (in Deutschland gibt es über 1200 Stellenbörsen, da fällt der Überblick etwas schwer), aber sind bei Googles „Job Search Experience" mit dabei. Als größte (globale) Lieferanten, die auch in Deutschland eine Rolle spielen, sind dies LinkedIn und Glassdoor. Als größter nationaler Lieferant ist das XING, der aktuell Google for Jobs dominiert. Aber auch alte Bekannte wie stellenanzeigen.de, yourfirm, Monster, Jobware oder meinestadt sind den Bund mit Google eingegangen. Ebenso wie viele Spezial- und Nischenjobbörsen, etwa absolventa.de, praktikum.info, experteer.de, itbavaria.de, gigajob.de, mittelfrankenjobs.de, Jobstairs, fazjob.net, Facebook Jobs (ja, genau Facebook!), aubi-plus, trainee-gefluester.de, Regio-Jobanzeiger, Die Zeit Jobs, jobmensa.de, dasauge.de, berlinstartups.de, oder myscience.de haben das Potenzial erkannt, auf diese Weise eine bisher nicht gekannte Reichweite zu generieren. Denn die ist ihnen ohne jeden Zweifel gewiss.

Veröffentlichen Sie Ihre Stellenanzeige also bei einer Stellenbörse, die ihre Jobs Google-konform ausspielt, brauchen Sie nichts weiter zu tun. Sie müssen lediglich darauf warten, dass die Bewerbungen eintrudeln.

Die Jobs an Google übermitteln

5

Wenn Sie alle genannten Punkte bedacht haben, Ihre Jobs quasi „Google for Jobs-fit" sind, müssen diese nur noch an Google übertragen werden. Nur wie, denn hochladen oder dergleichen funktioniert ja nicht. Im Grunde funktioniert das genauso, wie bei „normalen" Websites auch. Google „sucht" sich die Inhalte selbst und lässt sie in seine Suche mit einfließen. Doch ein paar Dinge müssen Sie natürlich schon beachten, damit Ihre Jobs auch beim Bewerber landen. Dazu sollten Sie vertraut sein mit Google Analytics und der Google Search Console. Oder jemanden kennen, der sich damit auskennt.

5.1 Via XML-Sitemap

Nachdem die Jobs erstellt wurden, aktualisieren Sie über die Google Search Console idealerweise die XML-Sitemap Ihrer Website, damit Google darüber informiert wird, dass es hier nun Jobs zu crawlen gibt. Unbedingt erforderlich ist, dass Ihre Jobs auch wirklich von Google erfasst werden können und diese nicht durch Ihre robots.txt-Datei gesperrt sind. Wie besten SEO-Standards entsprechend, sollten auch die Jobs über eine klare, beschreibende URL verfügen. Also nicht tollerarbeitgeber.de/jobs/stelle%2Fm0199e46c81c4f07a99cde%3F., sondern tollerarbeitgeber. de/jobs/senior-frontendentwickler-java. In seinen Richtlinien empfiehlt Google das Einrichten einer separaten XML-Sitemap ausschließlich für die Jobs. Eigene Erfahrungen zeigen aber, dass ein Auslesen der Jobs sogar ohne explizite Übergabe der Jobs via XML-Sitemap, geschweige denn via separater Job-XML-Sitemap, möglich ist. Allerdings werden insbesondere bei einer hohen Anzahl an Stellen nicht alle Jobs indiziert.

© Springer Fachmedien Wiesbaden GmbH, ein Teil von Springer Nature 2019
H. Knabenreich, *Google for Jobs,* essentials,
https://doi.org/10.1007/978-3-658-27333-0_5

5.2   Via Indexing API

Für ein schnelleres Indizieren der Jobs empfiehlt Google das Einrichten einer Indexing API. Insbesondere für Unternehmen mit einer großen Anzahl von Jobs und insbesondere einer sehr volatilen Jobausspielung ist dieser zusätzliche Schritt ans Herz zu legen. Google verspricht nämlich eine signifikant schnellere Aufnahme in den Google for Jobs-Index. Aber nicht nur die Aufnahme neuer Stellen ist auf diese Weise gewährleistet, auch das Löschen abgelaufener Stellen erfolgt so automatisch. „Mit der API sind Jobs in rund 30 min nach der technischen Publizierung im Google Index und ebenso zuverlässig, aber etwas zeitlich versetzt wieder gelöscht", berichtet Bernd M. Schell vom Automobilzulieferer Brose von seinen Erfahrungen mit Google for Jobs in den USA.

5.3   Canonical Tags zum Schutz vor Duplicate Content

Insbesondere in größeren Unternehmen ist es so, dass ein und derselbe Job mehrfach ausgeschrieben wird – etwa ein Vertriebsmitarbeiter an verschiedenen Standorten. Dann existieren nicht nur Seiten mit gleichen oder nahezu gleichen Inhalten, sondern auch mit gleichem Titel und nahezu gleicher URL. Google sieht das Ganze dann als doppelte Version derselben Seite an. Google wählt dann selbstständig eine URL als kanonische Version aus, straft dennoch die anderen ab und crawlt diese nicht oder seltener. Mit der Folge, dass einige Ihrer Jobs nicht auf Google for Jobs erscheinen – und damit unsichtbar sind für potenzielle Mitarbeiter. Vermieden wird das Ganze durch das Setzen des so genannten Canonical Tag auf der Seite des „Ursprungs-Inhaltes".

5.4   Via ATS und Jobbörsen

Nur der Vollständigkeit halber sei hier noch mal auf die Möglichkeit verwiesen, die Jobs auch via ATS oder der Jobbörse Ihres Vertrauens an Google zu übermitteln. Alles Weitere dazu lesen Sie in Abschn. 4.2 bzw. 4.3.

Erfolgsauswertung mit Google Analytics und Google Search Console

6

Wenn Sie alle Maßnahmen auf den Weg gebracht haben, wird es wohl nicht lange dauern, bis sich das auch in einer Zunahme der Klicks auf Ihre Karriere-Website zeigt. Auch hier bietet Google beste Transparenz (sofern Sie mit Google Analytics oder einem ähnlichen Tool Ihre Website-Zugriffe auswerten). Jede URL, auf den Google for Jobs verweist, erhält automatisch einen sogenannten UTM-Parameter. Sie müssen nichts weiter tun – außer natürlich die Daten auch auszuwerten. Sie können die nachfolgenden Parameter in Verbindung mit Google Analytics oder anderen Tracking-Tools anwenden.

- utm_campaign=google_jobs_apply
- utm_source=google_jobs_apply
- utm_medium=organic

Schauen wir uns dazu einfach mal ein Beispiel an: An den Link der eigentlichen Stellenausschreibung werden nun die oben genannten Parameter angehängt (s. Abb. 6.1).

Auswertung via Google Analytics
So lässt sich dann in Google Analytics ganz klar eine Zuordnung vornehmen, woher die Klicks auf die Stellenanzeige stammen (s. Abb. 6.2).

1. Rufen Sie die entsprechende Property in Google Analytics auf
2. Klicken Sie auf „Akquisition"
3. Klicken Sie auf „Alle Zugriffe"

© Springer Fachmedien Wiesbaden GmbH, ein Teil von Springer Nature 2019
H. Knabenreich, *Google for Jobs,* essentials,
https://doi.org/10.1007/978-3-658-27333-0_6

Abb. 6.1 Google for Jobs generiert automatisch Kampagnenlinks, die sich dann via Google Analytics & Co. auswerten lassen. So lassen sich sowohl der Erfolg von Google for Jobs als auch der einzelner Anzeigen unmittelbar und unverfälscht messen. (Bildquelle: Screenshot Stellenportal Be-Lufthansa, Lufthansa Group. career.be-lufthansa.com/index. php?ac=jobad&id=66078&language=2&utm_campaign=google_jobs_apply&utm_ source=google_jobs_apply&utm_medium=organic)

4. Klicken Sie auf „Quelle/Medium" und suchen Sie nach „google_jobs_apply/ organic" in der Spalte Quelle/Medium
5. Freuen Sie sich über die Zugriffe über Google for Jobs und vergleichen Sie den Traffic mit anderen Quellen.

Monitoring via Google Search Console

Auch mit dem Leistungsbericht in der Search Console können Sie die Daten der Stellenangebotsansicht (also quasi die Ansicht auf der Google for Jobs-Startseite) oder der Detailansicht für Ihre Stellenausschreibung aufrufen. Auch hier bietet Ihnen Google besten Service und Transparenz. Wenn Sie einen Job angelegt haben und dieser von Google indiziert wurde, erhalten Sie eine Benachrichtigung in Ihr E-Mail-Postfach. Der können Sie dann entnehmen, ob alles glatt gegangen ist oder ob es noch Handlungsbedarf gibt, beispielsweise fehlende Felder wie „baseSalary.value.value" oder „jobLocation.address.addressRegion" zu ergänzen sind (Abb. 6.3).

Quelle/Medium	Akquisition			Verhalten			Conversions Zielvorhaben 6: Client - Enquiry ▾		
	Nutzer	Neue Nutzer	Sitzungen	Absprungrate	Seiten/Sitzung	Durchschnittl. Sitzungsdauer	Client - Enquiry (Conversion-Rate für Zielvorhaben 6)	Client - Enquiry (Abschlüsse für Zielvorhaben 6)	Client - Enquiry (Wert für Zielvorhaben 6)
	5.394 % des Gesamtwerts: 100,00 % (5.394)	4.758 % des Gesamtwerts: 100,02 % (4.757)	6.552 % des Gesamtwerts: 100,00 % (6.552)	70,73 % Durchn. für Datenansicht: 70,73 % (0,00 %)	3,26 Durchn. für Datenansicht: 3,26 (0,00 %)	00:01:41 Durchn. für Datenansicht: 00:01:41 (0,00 %)	0,02 % Durchn. für Datenansicht: 0,02 % (0,00 %)	1 % des Gesamtwerts: 100,00 % (1)	0,00 € % des Gesamtwerts: 0,00 % (0,00 €)
11. bing / organic	38 (0,69 %)	28 (0,59 %)	48 (0,73 %)	33,33 %	4,06	00:02:30	2,08 %	1 (100,00 %)	0,00 € (0,00 %)
12. stellenangebot.monster.de / referral	34 (0,62 %)	26 (0,55 %)	38 (0,58 %)	55,26 %	2,84	00:02:13	0,00 %	0 (0,00 %)	0,00 € (0,00 %)
13. google_jobs_apply / organic	19 (0,34 %)	12 (0,25 %)	27 (0,41 %)	51,85 %	4,33	00:06:01	0,00 %	0 (0,00 %)	0,00 € (0,00 %)
14. jobmorgen / referral	15 (0,27 %)	12 (0,25 %)	18 (0,27 %)	83,33 %	1,56	00:00:39	0,00 %	0 (0,00 %)	0,00 € (0,00 %)
15. jobpharm.de / referral	11 (0,20 %)	11 (0,23 %)	13 (0,20 %)	100,00 %	1,00	00:00:00	0,00 %	0 (0,00 %)	0,00 € (0,00 %)
16. stepstone.de / referral	10 (0,18 %)	7 (0,15 %)	11 (0,17 %)	27,27 %	1,73	00:01:32	0,00 %	0 (0,00 %)	0,00 € (0,00 %)
17. haz-job.de / referral	9 (0,16 %)	7 (0,15 %)	10 (0,15 %)	70,00 %	2,80	00:00:41	0,00 %	0 (0,00 %)	0,00 € (0,00 %)
18. m.facebook.com / referral	9 (0,16 %)	8 (0,17 %)	9 (0,14 %)	66,67 %	2,67	00:00:49	0,00 %	0 (0,00 %)	0,00 € (0,00 %)
19.	8 (0,14 %)	1 (0,02 %)	8 (0,12 %)	87,50 %	1,25	00:00:58	0,00 %	0 (0,00 %)	0,00 € (0,00 %)
20.	7 (0,13 %)	6 (0,13 %)	25 (0,38 %)	20,00 %	6,80	00:17:11	0,00 %	0 (0,00 %)	0,00 € (0,00 %)

Abb. 6.2 Via Google Analytics lässt sich ohne Probleme nachvollziehen, wie viel Traffic über Google for Jobs kommt. In diesem Beispiel ist das noch überschaubar, da die Jobs erst kurze Zeit via Google ausgespielt wurden. Das Bild dürfte sich rasch ändern und google_jobs_apply/organic schon bald an erster Stelle stehen. (Bildquelle: Screenshot Google LLC. Google und das Google-Logo sind eingetragene Marken von Google Inc., Verwendung mit Genehmigung)

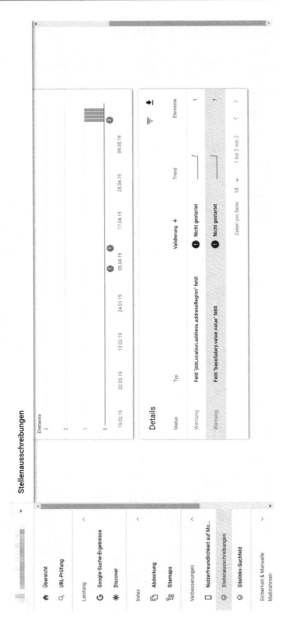

Abb. 6.3 Die Google Search Console liefert Ihnen einen Überblick über den Status Ihrer Stellenanzeigen und weist Sie auf möglicherweise vorliegende Fehler hin. (Bildquelle: Screenshot Google LLC. Google und das Google-Logo sind eingetragene Marken von Google Inc., Verwendung mit Genehmigung)

Welche Fehler Unternehmen heute schon machen – und wie Sie sie vermeiden können

Im Laufe der letzten zwei Jahre war es mir sehr gut möglich, mir ein Bild davon zu machen, wo es bei der Aufbereitung der Stellenausschreibungen immer wieder hakt. Und dabei spielt es gar keine Rolle, ob das Unternehmen in Texas, Tokyo, Taragona, Tewkesbury oder Telgte sitzt. Damit Ihnen nicht die gleichen Fehler unterlaufen, habe ich Ihnen meine Erkenntnisse einmal zusammengefasst.

Gar nicht auf Google for Jobs vertreten sein

Der allergrößte Fehler für ein Unternehmen wäre es, mit seinen Jobs überhaupt nicht auf Google for Jobs vertreten zu sein. Und zwar, für das bestmögliche Resultat, mit den Jobs, die auf der eigenen Karriere-Website ausgeschrieben werden. Und nicht auf externen Seiten. Umso mehr können Unternehmen profitieren und die Candidate Journey maßgeblich beeinflussen.

Fehlendes Logo

Das Logo ist zwar nicht kriegsentscheidend (also im Sinne des „War for Talents"), aber auch nicht ganz so trivial. Hinterlegen Sie nämlich kein Logo, erscheint in der Jobliste einfach nur der Anfangsbuchstabe Ihres Unternehmens. In einer Liste mit vielen Unternehmen, die möglicherweise auch kein Logo hinterlegt haben, fallen Sie damit nicht nur nicht auf, es ist auch keine unmittelbare, „visuelle" Zuordnung zu Ihrem Unternehmen möglich. Ein Logo hingegen schafft Identität und lässt sich viel leichter merken und zuordnen. Allerdings wählt Google selbst „das Logo aus, das am besten zur Anzeige in den Suchergebnissen passt, egal ob es sich um das Knowledge Graph-Logo oder das hiringOrganization-Logo handelt." [25] Das führt mitunter zu merkwürdigen Ergebnissen. So prangte beispielsweise beim Personaldienstleister FBI Personallösungen das Original-Logo des Federal Bureau of Investigations (s. Abb. 7.1). Das sorgt zwar

© Springer Fachmedien Wiesbaden GmbH, ein Teil von Springer Nature 2019   57
H. Knabenreich, *Google for Jobs,* essentials,
https://doi.org/10.1007/978-3-658-27333-0_7

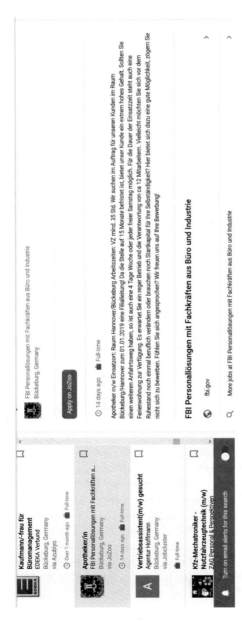

Abb. 7.1 Wenn Google kein Logo vorfindet, kann es passieren, dass dieses eigenmächtig zugeordnet wird. Das kann zu merkwürdigen Verhältnissen führen, wie das Beispiel von FBI (Personallösungen mit Fachkräften aus Büro und Industrie) zeigt, wo Google das Logo des F.B.I. (Federal Bureau of Investigations) zuordnete. (Bildquelle: Screenshot Google LLC. Google und das Google-Logo sind eingetragene Marken von Google Inc., Verwendung mit Genehmigung)

für Aufmerksamkeit, aber wohl für die falsche;). Das Logo ist Bestandteil des Datenfeldes hiringOrganization.

Fehlende oder unvollständige Stellenbeschreibung
Das ist wohl der häufigste Fehler, der auch eine große Auswirkung auf den Erfolg Ihrer Stellenanzeigen bei Google for Jobs hat. Hier findet sich entweder gar kein Inhalt (leer) oder nur unvollständiger Inhalt (beispielsweise nur der Einstieg in die Stellenanzeige). Ein anderes Extrem ist doppelter Inhalt. Warum auch immer finden sich die Inhalte der Stellenanzeige (oder auch nur Auszüge) mehrfach untereinander. Auch wenn ich es zuvor schon erwähnt habe (nämlich in Kap. 4): Die Description ist das A & O Ihrer Stellenanzeige. Hier gehört die komplette Beschreibung hinein: Intro (bitte möglichst ansprechend, da der Einstiegstext das erste ist, was ein potenzieller Bewerber zu lesen bekommt), Aufgaben, Anforderungen, Vorteilsargumentation (aka Benefits), Ansprechpartner, Bewerbungsaufforderung.

Fehlende HTML-Tags
Damit Ihre Stellenanzeigen nicht als unstrukturierte Textwüsten angezeigt werden (siehe Abb. 4.2), isteine Auszeichnung mit HTML-Tags dringend erforderlich. Insbesondere an <br> oder <p> für Zeilenumbrüche bzw. Absätze und <li> für Listenpunkte zur Aufzählung der Aufgaben bzw. Anforderungen geht dabei kein Weg vorbei (alle anderen gemäß Google-Richtlinien genannte Auszeichnungen, wie etwa <h1> bis <h5> funktionieren ohnehin nicht).

Fehlende oder unvollständige Adressdaten
Diese führen insbesondere dazu, dass eine „Jobs in meiner Nähe"-Suche nicht zufriedenstellend ausgeführt und der Arbeitsweg nicht angezeigt werden kann. Damit verspielen Sie im Zweifelsfall Reichweite und Aufmerksamkeit und Unternehmen, die diese Daten richtig pflegen, liegen in der Gunst eines potenziellen Bewerbers vorn (s. dazu auch Kap. 3).

Fehlende Beschäftigungsart
Fehlt die Angabe, ob es sich etwa um eine Vollzeit- oder Teilzeitstelle, eine Stelle, die ich remote ausfüllen kann oder als Zeitarbeitnehmer, fehlt dem Bewerber Orientierung und Sie verschenken unter Umständen Potenziale.

Fehlende Gehaltsangabe
Das muss ich glaube ich nicht weiter kommentieren. Bewerber wollen wissen, was sie verdienen. Also legen Sie es in Ihrem eigenen Sinne offen. Sie ersparen

es sich, Bewerbungen zu sichten, die ohnehin nicht in Ihr Gehaltsgefüge passen. Damit haben Sie viel Zeit, sich den Bewerbungen zu widmen, die umso besser passen. Abgesehen davon: Google tut alles dafür, die nicht bereitgestellten Daten anderweitig zu aggregieren und zeigt stattdessen (oder aber auch ergänzend) Daten aus Glassdoor, LinkedIn oder anderen Portalen an. Manche Unternehmen greifen zu einem Trick und setzen dann als Wert „0" (also null) ein. Mit der Folge, dass sie möglicherweise ein zu 100 % fehlerfreies Datenschema abliefern, sich und ihre Bewerber aber betrügen – oder sie aber vollends verprellen, wie das etwa bei einer nachfolgenden Stellenausschreibung sehr wahrscheinlich der Fall sein wird (Abb. 7.2).

Wenn Google Ihnen den Zugang verwehrt und Ihre Jobs via Google for Jobs nicht aufrufbar sind, kann das aber noch weitere Gründe haben, etwa ein fehlender Bewerbungs-Button oder ein falsches Datenschema. Es ist sogar möglich, dass Ihre Jobs zwar zunächst gelistet waren, sie aber plötzlich aus dem Index verschwinden. Für beides gibt's gute Gründe, die ich hier für Sie zusammengefasst habe:

Der Inhalt der Seite unterscheidet sich von den strukturierten Daten
Manchmal werden die strukturierten Daten auf der Seite der Stellenübersicht hinterlegt. Das wird so nicht funktionieren, denn die strukturierten JobPosting-Daten werden niemals auf der Startseite der Stellenbörse implementiert, sondern immer nur auf der Seite der Stellenausschreibung selbst.

Auf der Seite mit den Stellenangeboten kann keine Bewerbung eingereicht werden
Eigentlich naheliegend wie nur was: Es muss klar erkennbar sein, dass man sich auf der Seite bewerben kann bzw. eine Bewerbungsmöglichkeit vorhanden sein, etwa per E-Mail-Verknüpfung oder Bewerben-Button. Eine deutliche Bewerbungsaufforderung – insbesondere dann, wenn eine Bewerbung nur per E-Mail möglich ist – gewährleistet, dass Ihre Stellenanzeige dann auch angezeigt wird. Apropos deutlich: Der CTA (Call to Action), also die Bewerbungsaufforderung sollte ins Auge fallen.

Kandidaten wollen sich in der Regel direkt auf der Karriereseite eines Unternehmens bewerben. Je weiter der Weg zur Bewerbung, desto größer die Gefahr, dass diese abgebrochen wird.

Meine dringende Empfehlung lautet daher: Sorgen Sie dafür, dass Ihre Bewerber möglichst direkt auf Ihre Stellenangebote bzw. zur Bewerbung gelangen und vermeiden Sie nach Möglichkeit den Umweg über Drittanbieter, wie etwa

Abb. 7.2 Eine Gehaltsangabe von 0 EUR pro Monat dürfte wohl die wenigsten Bewerber anziehen. Stünde hier der tatsächliche Stundenlohn oder das tatsächliche Gehalt, dürfte das ganz anders aussehen. Umso wichtiger ist es, diese Daten vollständig zu übergeben! (Bildquelle: Screenshot Google LLC. Google und das Google-Logo sind eingetragene Marken von Google Inc., Verwendung mit Genehmigung)

Jobbörsen. Nur so ist eine zufriedenstellende Candidate Journey mit möglichst wenigen Klicks und „Medienbrüchen" möglich.

Die Bewerbung ist kostenpflichtig
Auch das soll in Zeiten von Internetbetrug immer wieder mal vorbeikommen und wird natürlich von Google geahndet.

Falsche (oder fehlende) Angabe der Arbeitsstelle
Der Ort, wo sich die Arbeitsstelle befindet (oder zumindest der Unternehmenssitz), muss angegeben werden. Anderweitig kann Google keine standortbezogenen Daten ermitteln. In der Folge bedeutet das: die Stelle ist bei Google for Jobs nicht sichtbar.

Stellenangebote, die Jobs anpreisen, nur um Bewerbungen zu generieren
Es soll ja Unternehmen geben, die Jobs zwar ausschreiben, dies aber nur tun, um beispielsweise ihren Talentpool zu füllen oder um so zu tun, als seien sie wirtschaftlich erfolgreich. Auch solche Stellenausschreibungen sind auf Googles roter Liste.

Abgelaufene Jobs
Ist ein Job abgelaufen (also hat er ein in der Vergangenheit liegendes valid-Through-Datum), entfernt Google den Job ebenfalls aus dem Index. Wird die Stelle nicht deaktiviert, kann das dazu führen, dass Google das ausschreibende Unternehmen abstraft. Im schlimmsten Falle bedeutet das, dass Ihre Jobs erst mal für eine Weile weg vom Fenster sind und auch nicht wieder so schnell im Index auftauchen (s. auch Abschn. 2.3).

Fehlende Angabe des Arbeitgebers
Auch das kommt (warum auch immer) vor. Im Feld hiringOrganization MUSS aber unbedingt der Name des Arbeitgebers hinterlegt sein, andernfalls erscheint die Stelle nicht bei Google for Jobs. Auch die Angabe eines falschen Arbeitgebers führt zur Disqualifikation.

Fehlende Angabe des Stellentitels
Logisch, dass ein fehlender Stellentitel dazu führt, dass ein Job nicht aufgefunden werden kann. Auch dürfen Stellentitel (title) und Jobbeschreibung (description) nie identisch sein.

Fehlende XML-Sitemap

Nachdem Sie die Jobs entsprechend aufbereitet haben, müssen Sie diese Google noch übermitteln. Es ist zwar möglich, dass sich der Google-Crawler diese beim nächsten Besuch selber einverleibt, auf der sicheren Seite sind Sie aber, wenn Sie eine separate XML-Sitemap nur für die Jobs erstellen. Haben Sie eine Vielzahl an Jobs, die zudem recht häufig (am Tag) aktualisiert werden, empfiehlt sich zusätzlich die Einrichtung einer Indexing API (mehr dazu hier: https://developers.google.com/search/apis/indexing-api/v3/quickstart). Diese Schnittstelle garantiert, dass Ihre Jobs innerhalb kürzester Zeit bei Google erscheinen.

Generell gilt

Die Jobbeschreibung muss vollständig sein. Google unterscheidet zwischen Fehlern, die dazu führen, dass der Job nicht indiziert wird – etwa der fehlende Unternehmensname oder der fehlende Stellentitel – und Warnungen, die Empfehlungen enthalten, welche Daten noch ergänzt werden sollten – etwa das Gehalt oder die vollständige Anschrift. Bei einer Fehlermeldung handelt es sich um Felder, die zwingend erforderlich sind, bei Warnungen um unvollständige Felder, die zwar nicht erforderlich, aber empfohlen werden.

Meine Empfehlung wiederum lautet: Füllen Sie alle Felder vollständig aus. Je vollständiger Ihre Angaben sind, umso mehr wird Sie Google (und der Bewerber und Ihr Hiring Manager und Ihr Chef sowieso) lieben.

Was bedeutet Google for Jobs für die Jobsuche, das Recruiting – und die Jobbörsen?

Auch wenn viele Ewiggestrige das nicht wahrhaben wollen und Google for Jobs schlicht als überbewertet sehen, wird Google for Jobs die Jobsuche oder wie wir nach Jobs suchen, radikal verändern. So wie Google und andere digitale Gadgets unser Nutzerverhalten in vielen anderen Punkten ebenso radikal verändert haben. Was wird heute nicht bei jeder möglichen und unmöglichen Gelegenheit gegoogelt? Und vor allem: Wie beeinflusst Google uns dabei? Ich hatte schon geschildert, was Google alles dafür tut, dass wir uns gar nicht mehr großartig auf eine andere Seite bewegen müssen. Google sorgt mit aller Kraft dafür, dass wir auf Google selbst bleiben. Was bedeutet m/w/d? Zeigt uns Google auf Google an. Wie wird das Wetter? Zeigt uns Google auf Google an. Welcher Film läuft heute Abend im Kino? Zeigt uns Google auf Google an. Wie groß ist Angela Merkel? Zeigt uns Google auf Google an. Wie hat der DSC Arminia Bielefeld gespielt? Zeigt uns Google auf Google an. Wo finde ich den nächsten Bäcker? Die Antwort hat Google. Und so weiter und sofort. Logische Konsequenz daraus, dass Google uns auch bei einem der (vermeintlich) wichtigsten Dinge im Leben unterstützen will: der Jobsuche. Schließlich verbringen viele Menschen mehr Zeit am Arbeitsplatz, als mit ihrem Partner (das mag durchaus auch andere Gründe haben) oder verschwenden viel Zeit auf dem Weg zur Arbeit. Nicht zu vergessen die Zeit selbst, die es uns kostet, nach Jobs zu suchen.

Natürlich macht Google das nicht alles aus reiner Nächstenliebe. Google ist ein mächtiger global agierender Konzern, der mit unseren Daten viel Geld verdient. Und so bedeutet das Sammeln von Daten bezüglich der Stellensuche nicht nur für uns viele angenehme Vorteile, Google kann vielmehr auch diese Daten abschöpfen und Gewinn daraus ziehen. Etwa durch entsprechend ausgespielte Ads. Wenn wir das Ganze einmal weiterspinnen (allzu weit müssen wir glaube ich gar nicht denken), wird es zukünftig wahrscheinlich nicht einmal mehr notwendig

© Springer Fachmedien Wiesbaden GmbH, ein Teil von Springer Nature 2019 65
H. Knabenreich, *Google for Jobs,* essentials,
https://doi.org/10.1007/978-3-658-27333-0_8

sein, dass wir aktiv auf Jobsuche gehen müssen. Google hat dank der Tatsache, dass wir Google unser Leben bestimmen lassen (Google-Suche, Google-Kalender, Google Docs, Google Mail, alles, was wir übers Smartphone machen, auf dem Google Apps installiert sind, Smarthome Anwendungen, z. B. Nest, der Google Voice Assistant etc. pp.) ein so umfassendes Profil von uns, dass der Datenkrake mehr über uns weiß, als dass wir uns das vorstellen können. Und dank noch mehr Daten, die Google im Zuge seiner Jobsuchverbesserungsinitiative sammelt, weiß Google auch lange vor uns, dass es mal wieder Zeit wird für einen Jobwechsel und auch wo und als was. Es gibt schon erste Tests, die genau das belegen (s. Abb. 8.1)!

Und, wie ich weiter oben schon schrieb, zeigt Google seinen Nutzern bereits jetzt Stellen an, auch wenn gar nicht explizit danach gesucht wurde. Eine große Chance für Unternehmen, sind doch nur noch wenige der Arbeitsmarktteilnehmer wirklich auf der Suche und die meisten fest im Job (die wiederum sind durchaus wechselwillig und für solche „zufällig" ausgespielten Jobangebote durchaus

Abb. 8.1 Google testet vereinzelt die Möglichkeit, Suchempfehlungen unabhängig von einer Suchanfrage nach Jobs direkt auf seiner Startseite bereitzustellen. Wenn Sie auf einen der rot eingekreisten Links klicken, werden die Nutzer zu Google for Jobs weitergeleitet. (Bildquelle: Screenshot Google LLC/Joel Cheesman (https://www.ere.net/google-for-jobs-homepage/. Zugegriffen: 14. Mai 2019). Google und das Google-Logo sind eingetragene Marken von Google Inc., Verwendung mit Genehmigung)

empfänglich). Aber abgesehen davon hat Google for Jobs andere (teilweise massive) Auswirkungen und der Markt (insbesondere) für aktive Kandidaten wird sich grundlegend ändern.

Die Bedeutung von Jobbörsen wird sukzessive abnehmen
Natürlich geht es Google keinesfalls darum, ein neues Marktsegment zu erschließen und den Jobbörsenmarkt zu disruptieren. Dieses wurde immer wieder in Pressekonferenzen und -meldungen bekräftigt (allerdings hieß es seinerzeit auch, Google würde seine Suche nie kommerzialisieren. Das galt so lange, bis die Google Adwords auftauchten, s. auch Abschn. 2.4). Klar, noch kann Google gar nicht ohne die vielen Stellenbörsen als Job-Lieferanten relevante Ergebnisse liefern. Und so besteht eine gegenseitige Abhängigkeit, die in „Partnerschaften" begründet wird: Google braucht die Jobs der Jobbörsen, um überhaupt eine Relevanz zu haben, die Jobbörsen brauchen die Reichweite von Google, um die notwendige Relevanz zu erzielen und Reichweite auf- und auszubauen. Leben und leben lassen, heißt also die Devise. Und so sieht man etwa beim Karrierenetzwerk XING in Google for Jobs eine Möglichkeit, das eigene Stellenmarkt-Angebot noch bekannter zu machen. Geschäftsführer des Bereichs E-Recruiting bei XING, Jens Stief, erwartet sich von der Partnerschaft mit Google, dass noch mehr jobsuchende Menschen zu dem Portal finden. Das mag so funktionieren (zumindest für die nächsten Jahre wird es das, da bin ich mir sicher, ist der Mensch doch ein Gewohnheitstier und brauchen Personalabteilungen doch immer etwas länger, bis sie eine sinnvolle Technologie adaptieren – das belegt eindrucksvoll auch das in Abschn. 2.3 Gesagte), schaut man sich aber an wie Google unser Verhalten in anderen Bereichen vereinnahmt hat (siehe oben), so könnte das durchaus auch mittelfristig in eine andere Richtung gehen. Oder wer nutzt beispielsweise noch die „Gelben Seiten" (auch die Online-Ausgabe) oder entsprechende Webkataloge?

Die Reichweite von Arbeitgebern (oder Nischen-Stellenbörsen) und damit die Auffindbarkeit deren Stellenausschreibungen wird sich signifikant verändern
Google ermöglicht es mit seiner optimierten Jobsuche Unternehmen, ihre Reichweite drastisch zu erhöhen. Während bisher umfangreiche Maßnahmen der Suchmaschinenoptimierung erforderlich waren oder große Investments in die Stellenanzeigenschaltung bei externen Jobbörsen, so bietet Google mit seiner optimierten Jobsuche eine zuvor nie da gewesene Möglichkeit für alle Unternehmen, egal welcher Größe, egal welcher Branche, seine Jobs einer großen Masse an potenziellen Bewerbern auszuspielen. Wie das geht, lesen Sie in diesem Buch, in vielen Blogs oder auch auf Googles Entwicklerwebsite. Gleiche Chancen für alle! Auch Nischenbörsen profitieren von dieser zusätzlichen Reichweite ungemein.

Allerdings dürfte Googles primäres Ziel wohl tatsächlich sein, direkt an die Quelle der originären Stellenanzeigen von der Karriere-Website zu gelangen und „nicht über die „Zwischenhändler" der Stellenbörsen", wie es Johannes Beus, Gründer des SEO-Portals sistrix schreibt [16].

Der Großteil des Traffics auf Ihre Website bzw. der Bewerbungen wird zukünftig über Google Jobs erfolgen
Während bisher teure Stellenschaltungen erforderlich waren, um Aufmerksamkeit und Reichweite zu erlangen, ist das mit Google for Jobs nun ungleich leichter. Der Vorteil: Der Bewerber landet nun bei Ihnen auf der Karriere-Website, um sich bei Ihnen zu bewerben, nicht mehr bei einer externen Stellenbörse. In der Folge wird der Traffic auf Ihrer Karriere-Website drastisch zunehmen. Insbesondere auch deswegen, weil Google die Stellen favorisiert, die direkt über Ihre Karriere-Website auf Google Jobs gelandet sind. Erscheint beispielsweise eine Stelle sowohl auf Stellenbörse A, Stellenbörse B und Ihrer Karriere-Website, so wird der Bewerben-Button zu Ihrer Karriere-Website an erster Stelle angezeigt. Vorausgesetzt, Sie beachten die in Kap. 5 benannten Punkte!

Google belohnt reichhaltig aufbereitete Stellenausschreibungen (Gehaltsangaben, Standort etc.)
Wer seine Stellenausschreibungen ordentlich aufbereitet und alle Kriterien Googles Richtlinien entsprechend umsetzt, profitiert von einer besseren Sichtbarkeit seiner Stellenanzeige. Das zumindest verspricht Google. Stand Juni 2019 ist nach einer Auswertung der Stellenausschreibungen nicht wirklich nachvollziehbar, welche Kriterien Google heranzieht, um die Stellenausschreibungen auszuspielen. Auch SEO-Experten tappen da im Dunkeln. Die Aktualität der Stellenangebote ist es nicht, denn die Jobs, die beispielsweise unter den Top 5-Ergebnisse angezeigt werden, sind mal brandaktuell, manchmal mehrere Wochen alt. Auch der Inhalt scheint nicht das ausschlaggebende Kriterium zu sein. Nicht einmal die Vollständigkeit der Daten oder die exakte Angabe des Standorts. Aber warum sollten man Googles Suchalgorithmus hier verstehen, wenn er bei der „normalen" Suche ein Buch mit sieben Siegeln ist?

Die Qualität von Stellenanzeigen wird dank strukturierter Daten und entsprechender Richtlinien besser
Aufgrund des Datenschemas und Bücher wie diesem wird sich nachhaltig die Qualität (auch die inhaltliche) verbessern. Wenn Sie alles richtig machen, dürfen Sie sich in der Folge dann über passende(re) Bewerbungen freuen.

Die Qualität der Suchergebnisse selbst wird besser
Googles Cloud Talent Solution sorgt dafür, dass einem potenziellen Bewerber auch Ergebnisse angezeigt werden, die nicht in seinem unmittelbaren Suchradius lagen – etwa, weil Sie mit wenig marktkonformen Titeln ausgeschrieben haben. Google ist so schlau und zeigt einem Bewerber auch diese Ergebnisse an. Unternehmen, die auf diese Lösung vertrauen, konnten signifikante Verbesserungen bei Quantität und Qualität an Bewerbungen verzeichnen. Das gilt auch für eine Jobsuche mit hohem Standortbezug (s. Kap. 3).

Die Bedeutung von strukturierten Daten nimmt zu
So setzt beispielsweise StepStone mit seinem Liquid Design auch auf strukturierte Daten, um dem Datenkraken kontra zu bieten und seine User zu besser strukturierten Stellenanzeigen zu „erziehen". Ob es funktionieren wird und es gut ist, seine Kunden per Richtlinien auf den richtigen Weg zu bringen? Das hängt immer ein wenig davon ab. Die Zeit wird's zeigen.

Die Bedeutung von SEA, also Google Ads, nimmt zu. Theoretisch zumindest
Bezahlte Suchtreffer (also Google Anzeigen) werden wichtiger. Denn diese sind es, die immer oberhalb der blauen Box ausgespielt werden und damit eine noch höhere Präsenz, als zuvor haben. Insbesondere Stellenbörsen werden um diese Plätze buhlen, das ist jetzt schon festzustellen (vor allem aber die, die nicht bei Google for Jobs mitmachen, werden sich dort nach Möglichkeit platzieren, um verlorenen Traffic zu kompensieren und User auf ihre Seiten zu lotsen). Auch Unternehmen könnten den Anreiz haben, sich oberhalb der eigentlichen Jobsuche zu platzieren, um Aufmerksamkeit von potenziellen Bewerbern zu erlangen und sie von den Suchergebnissen abzulenken.

Personaldienstleister und Zeitarbeitsfirmen können sich einen neuen kostenlosen Kanal erschließen
So erlaubt indeed beispielsweise in den USA nicht mehr das kostenlose Ausspielen von Stellenanzeigen, hier sind nur noch Premium-Anzeigen erlaubt Bis das Ganze auch nach Deutschland schwappt, dürfte nur eine kurze Frage der Zeit sein. Hier sind beispielsweise seit Januar 2019 keine Anzeigen mehr von externen Jobbörsen erlaubt.

Neue Anbieter, die Unternehmen dabei unterstützen, ohne großen Aufwand bei Google for Jobs zu erscheinen, werden auf den Markt treten

So wie Suchmaschinenoptimierung oder Suchmaschinenmarketing auch, werden neue Dienstleister auf den Markt treten, die Unternehmen das Optimieren ihrer Stellenanzeigen abnehmen und diese dann via Google ausspielen (z. B. Jobiak oder SEO for Jobs).

Ein paar Worte zum Abschluss 9

Ich hoffe, ich konnte Ihnen einen interessanten und hilfreichen Überblick über die Chancen von Google for Jobs vermitteln. Fakt ist: An Google for Jobs kommen wir nicht vorbei. Nahezu 100 % aller Suchanfragen erfolgen mobil via Google, am Desktop sind es immerhin noch gut 90 %. Menschen nutzen Google zunehmend auch zur Jobsuche, Tendenz stark steigend. Google tut alles dafür, seinen Nutzern das bestmögliche Nutzererlebnis zu bieten. Das gelingt mit Google for Jobs nun auch für die Stellensuche.

Unternehmen bietet Google for Jobs eine bisher nie da gewesene Möglichkeit für Reichweite zu sorgen. Und zwar unabhängig von Größe, Branche und Berufsbild. Quasi gleiches Recht für alle – unabhängig vom Budget, denn die Nutzung von Google for Jobs ist kostenlos. Der Fokus von Google for Jobs liegt auf einer lokalen Jobsuche. Bewerber und Unternehmen best- und schnellstmöglich zusammenzubringen, das ist Googles Anspruch. Sie haben es in der Hand, ob Sie mit Ihren Stellenausschreibungen für mehr Transparenz am Arbeitsmarkt sorgen wollen, oder nicht. Das gilt nicht nur für die Reichweite Ihrer Stellenanzeigen, sondern für deren Inhalt.

Mit diesem Buch steht Ihnen ein Werk zur Verfügung, welches alle wesentlichen Erkenntnisse zu Google for Jobs aus den letzten zwei Jahren vereint und wichtige Tipps und Hinweise enthält. Also, machen Sie das Beste draus!

Natürlich ist die Online-Welt so schnelllebig wie nur irgendwas, deswegen halte ich Sie auch auf meinem Blog personalmarketing2null.de und auf Twitter (@pm2null) auf dem Laufenden. Kontaktieren Sie mich auch gerne per E-Mail: hallo@personalmarketing2null.de und erzählen Sie mir Ihre Erfahrungen mit Google for Jobs oder lassen Sie mich an Ihrer Meinung teilhaben. Bitte haben Sie aber Verständnis dafür, wenn ich nicht innerhalb von 24 h antworte ☺. In diesem Sinne: Vielen Dank für Ihr Interesse und auf Wiederlesen!

© Springer Fachmedien Wiesbaden GmbH, ein Teil von Springer Nature 2019   71
H. Knabenreich, *Google for Jobs,* essentials,
https://doi.org/10.1007/978-3-658-27333-0_9

Was Sie aus diesem *essential* mitnehmen können

- Eine Menge Wissen, wie Sie Google for Jobs bestmöglich nutzen – ob als Bewerber oder jemand, dessen Aufgabe das Thema Personalbeschaffung ist (nennen wir ihn meinetwegen Recruiter)
- Ein umfassendes Verständnis für die Funktionsweise und die Möglichkeiten von Google for Jobs
- Wertvolle Handlungsempfehlungen und praktische Empfehlungen aus zwei Jahren intensiver Marktbeobachtung für den richtigen Umgang mit Googles neuem Jobsuchfeature
- Tipps und Tricks zur Optimierung

© Springer Fachmedien Wiesbaden GmbH, ein Teil von Springer Nature 2019   73
H. Knabenreich, *Google for Jobs,* essentials,
https://doi.org/10.1007/978-3-658-27333-0

Literatur

1. Careerbuilder, o. V. 2017. Careerbuilder candidate journey studie 2017. http://presse.careerbuilder.de/documents/tag/candidate-journey-studie. Zugegriffen: 12. Jan. 2019.
2. Weitzel, T., et al. 2018. Recruiting trends 2018. https://www.uni-bamberg.de/isdl/transfer/e-recruiting/recruiting-trends/recruiting-trends-2018/. Zugegriffen: 12. Jan. 2019.
3. Ullrich, Felicia, et al. 2019. Azubi-recruiting trends 2019. https://www.testsysteme.de/studie. Zugegriffen: 27. Mai 2019.
4. Softgarden, o. V. 2019. Jobsuche in Zeiten von Google for Jobs. https://go.softgarden.de/jobsucheinzeitenvongooglejobs. Zugegriffen: 14. Mai 2019.
5. Tandler, Marcus. 2011. Der Endgegner. http://www.secretsites.de/joblog/der-endgegner/. Zugegriffen: 12. Mai 2019.
6. indeed, o. V. 2016. 4 Statistiken, die Recruiter derzeit kennen sollten. http://blog.de.indeed.com/2016/05/17/4-statistiken-die-recruiter-derzeit-kennen-sollten/. Zugegriffen: 5. Mai 2019.
7. Weitzel, Tim, et al. 2019. Recruiting-Trends-Themenspecial Digitalisierung und Zukunft der Arbeit. https://www.uni-bamberg.de/fileadmin/uni/fakultaeten/wiai_lehrstuehle/isdl/Studien_2019_02_Digitalisierung_Web.pdf. Zugegriffen: 20. Mai 2019.
8. Knabenreich, Henner. 2019. Google for Jobs: DAX30-Unternehmen schlecht aufgestellt. https://personalmarketing2null.de/2019/05/google-for-jobs-dax30-unternehmen-schlecht-aufgestellt/. Zugegriffen: 20. Mai 2019.
9. Google, o. V. o. J. Bericht manuelle Maßnahmen. https://support.google.com/webmasters/answer/9044175. Zugegriffen: 12. Mai 2019.
10. Hövener, Markus. 2019. Personalsuche über Suchmaschinen: Wie der Mittelstand von Google profitieren kann. https://www.bloofusion.de/infos/advisories/personalsuche-ueber-suchmaschinen. Zugegriffen: 7. Juni 2019.
11. Jobiak, o. V. 2019. Google for jobs data uncovers interesting trends. https://www.jobiak.ai/google-for-jobs-data-uncovers-interesting-trends/. Zugegriffen: 21. Mai 2019.
12. Madgex, o. V. 2018. Google for jobs – Everything you need to know. https://info.madgex.com/google-for-jobs-guide. Zugegriffen: 12. Mai 2019.
13. Schell, Bernd M. 2019. Kommentar zu Google for Jobs erobert Deutschland. https://personalmarketing2null.de/2019/03/google-for-jobs-deutschland/#comment-8759. Zugegriffen: 12. Mai 2019.

© Springer Fachmedien Wiesbaden GmbH, ein Teil von Springer Nature 2019
H. Knabenreich, *Google for Jobs,* essentials,
https://doi.org/10.1007/978-3-658-27333-0

14. Kleinz, Torsten. 2019. Google for Jobs – Der neue Heilsbringer im Jobmarkt. https://www.heise.de/newsticker/meldung/Google-for-Jobs-Der-neue-Heilsbringer-im-Job-markt-4358488.html. Zugegriffen: 13. Mai 2019.
15. Kelion, Leo. 2018. Google's job hunting service comes to UK. https://www.bbc.com/news/technology-44853472. Zugegriffen: 18. Mai 2019.
16. Beus, Johannes. 2019. Google Jobs in Deutschland: Marktführer über Nacht. https://www.sistrix.de/news/google-jobs-in-deutschland-marktfuehrer-ueber-nacht/. Zugegriffen: 28. Mai 2019.
17. Reuters, o. V. 2019. Springer-Tochter Stepstone spürt die neue Konkurrenz "Google for Jobs". https://de.reuters.com/article/deutschland-springer-stepstone-google-idDEKCN-1T71OI. Zugegriffen: 11. Juni 2019.
18. Google, o. V. 2000. Google launches self-service advertising program. https://google-press.blogspot.com/2000/10/google-launches-self-service.html. Zugegriffen: 20. Mai 2019.
19. Google, o. V. o. J. Cloud talent solution. https://cloud.google.com/solutions/talent-so-lution/. Zugegriffen: 12. Mai 2019.
20. Zils, Eva. o. J. Was ist eine Online Jobsuchmaschine? https://www.online-recruiting.net/was-ist-eine-online-jobsuchmaschine/. Zugegriffen: 12. Mai 2019.
21. Stern, o. V. o. J. Wenn der Weg zur Arbeit krank macht – So ungesund ist Berufspen-deln. https://www.stern.de/wirtschaft/job/pendeln-zum-arbeitsplatz–wenn-der-weg-zur-arbeit-krank-macht-8524218.html. Zugegriffen: 18. Mai 2019.
22. Jobiak, o. V. 2019. Google for jobs data uncovers interesting trends. https://www.jobiak.ai/google-for-jobs-data-uncovers-interesting-trends/. Zugegriffen: 20. Mai 2019.
23. WP Jobmanager, o. V. o. J. Google job search integration. https://wpjobmanager.com/document/google-job-search-integration/. Zugegriffen: 13. Mai 2019.
24. Blueglass, o. V. o. J. Jobs für Wordpress. https://www.blueglass.ch/jobs-for-wordpress-plugin. Zugegriffen: 11. Juni 2019.
25. Google, o. V. 2019. Stellenausschreibung/Firmenlogo aktualisieren. https://developers.google.com/search/docs/data-types/job-posting?hl=de#company-logo. Zugegriffen: 20. Mai 2019.

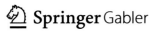
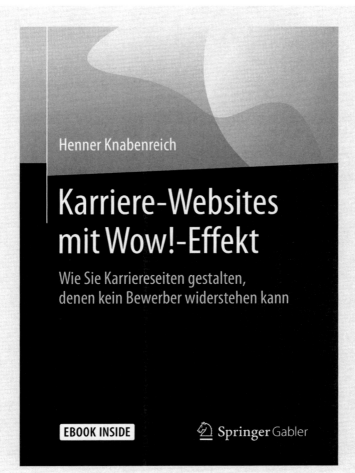

Printed in the United States
By Bookmasters